코딩 좀 아는 사람

디지털 세상을 움직이는 마법의 언어

코딩 좀 아는 사람

*READ WRITE CODE;

= IT 시대 필수 문해력

제러미 키신 지음 | 오현석 옮김

월북

"이건 어떻게 움직이는 거예요?" 혹은
"왜?"라는 질문에 오랫동안 답해주시고
내 호기심에 늘 용기를 불어넣어주신 부모님께

일러두기

1. 하단의 주석은 옮긴이 주로 본문에서 ✱로 표시했다.

2. 이 책의 모든 예제는 홈페이지 http://readwritecodebook.com에서 확인할 수 있다.

차례

{ 프롤로그 }

코드란 무엇일까?

인터넷은 어떤 원리로 작동할까?

컴퓨터가 해킹당했다는 게 무슨 뜻일까? 구글이 우리 데이터를 수집하거나 얼굴 인식 알고리즘이 우리 얼굴을 추적한다는 데 괜찮은 걸까? 인공지능이 우리 직업을 대신하게 될까? 도대체 비트코인은 뭘까? 휴대전화 어플이나 웹사이트는 어떻게 만드는 걸까? 데이터베이스란 무엇일까? 클라우드란 뭘까? 그리고 이 모든 질문에 대한 답이 어떻게 서로 맞아 돌아갈까?

IT 기술이나 코드에 관한 이야기는 거의 모든 사람에게 어려운 외국어나 알 수 없는 소리처럼 들린다. 이 책은 그런 사람들을 위한 책이다. 그러니까, 당신을 돕기 위한 책이다.

여러분은 위에 열거된 질문을 모두 이해할 수 있으리라 믿는다. 사실 이런 질문을 이해하지 못하면 현대를 살아갈 수 없다. 현대사회를 이해하려면 코드에 대한 이해가 꼭 필요하다.

미래를 예측하기는 어렵다. 하지만 단시일 내에는 절대 사라지지 않을 것이라 확신할 만한 일도 있다. 기술과 기술을 만들어낸 코드의 영향이 점차 커지고 있고 우리 사회를 변화시키는 중이다. 코딩은 이제 읽기나 쓰기처럼 우리가 꼭 알아야 할 기본 소양이 되었다.

코딩이 두려울 수도 있다. 하지만 두려워도 코딩의 세계를 이해하고 싶다면 지금 최고의 책을 읽고 있다고 자신한다.

디지털 시스템을 구성하는 요소는 매우 많기 때문에 여러분이 그 방대함에 압도되거나 어디부터 공부해야 할지 모른다 해도 이상할 것이 없다.

『코딩 좀 아는 사람』은 지도와 같다. 쉬운 용어로 코딩을 소개하고, 여러분이 코딩의 각 요소 사이를 자유롭게 다닐 수 있게 해주며, 요소들이 어떻게 서로 연결되는지 보여준다.

여러분은 코드가 무엇인지, 코드가 어떻게 작동하는지에 대해 배울 것이다. 휴대전화의 앱*이 앱을 실행하는 하드웨어로 어떻게 전달되는지 이해하게 된다. 그리고 인터넷 작동 원리와 0과 1로 이루어진 디지털 세상이나 알고리즘, 그리고 현대 기술이 작동하게 해주는 클라우드가 만들어지는 원리에 대해 배운다. 또한 기초 사이버보안에 대해 배우고 인공지능을 이해하게 된다.

---

*   우리나라에서 '어플'이라고 부르는 앱app은 애플리케이션application의 줄임말이다(본문에서는 애플리케이션 혹은 응용프로그램이라고 번역한다). 한편 요즘은 전통적으로 애플리케이션이라고 쓰던 단어도 줄여서 앱이라고 부르는 경우가 자주 있는데 이 책의 저자도 휴대전화 어플과 다른 애플리케이션을 구분하지 않고 '앱'이라는 단어로 혼용하고 있다. 그래서 이 책에서는 우리가 흔히 쓰는 '어플' 대신 '앱'이라고 통일한다.

코딩은 배우면 배울수록 우리 삶에 응용해볼 수 있는 다양한 방법을 발견하게 될 것이다. 우리의 삶에 코딩을 적용할 수 있는 실용적인 아이디어가 떠오를 것이다. 이런 아이디어가 모여 디지털 세계의 미스터리를 해결해가는 실마리가 된다.

표지에서 봤겠지만 내 이름은 제러미다. CodeHS의 공동 창업자이자 CEO이다. 우리 회사는 수백만 명의 학생에게 코딩과 컴퓨터과학을 가르쳐왔으며, 많은 학교에서 매달 우리 사이트를 통해 코딩 수업을 하고 있다. 나는 스탠퍼드대학교에서 컴퓨터과학과 인공지능을 전공했고, 같은 대학에서 기초 컴퓨터과학을 가르쳐왔다.

코딩을 배울 수 있는 곳은 많다. 그러나 가장 단순한 방식으로, 어린 학생도 이해할 수 있을 만큼 쉬운 말과 방식으로 빠르게 코딩 기술을 배우고 싶다면 당장 이 책을 읽어야 한다.

│ 코드 읽기와 쓰기는 새로운 기본 소양 │

읽기와 쓰기는 우리가 갖춰야 하는 기본 소양으로, 문해력의 토대이며 일상생활에 필수적인 기술이다.

우리는 읽고 쓰기가 중요하다고 말한다. 그러나 이 말이 누구나 전문적인 독서가나 작가가 되어야 한다는 뜻은 아니다. 신문을 읽고 편지를 쓰는 등 우리 일상에는 무언가를 읽고 써야 하는 일로 가득하다. 기본 소양이라고 하는 데는 이유가 있는 법이다.

현대사회는 디지털 기술로 움직이고 있기에 코딩은 우리 사회의 새로운 기본 소양이라 할 수 있다. 기술이 모든 산업과 사회의 근간을 변화시켰기에 코드의 작동 원리를 이해하는 일은 디지털 문해력의 필수 요소가 됐다.

오늘날 우리는 읽고 쓰는 것이 가장 기본적인 소양이라고 생각하지만 항상 그래왔던 것은 아니다. 500년 전만 해도 읽고 쓰는 것은 소수 계층에게만 허용된 기술이었다. 대부분의 사람은 읽거나 쓰는 기술이 필요 없다고 생각했지만 읽고 쓸 줄 알면 전혀 새로운 세계가 열렸다. 인쇄술이 발명되면서 문해력은 증진되었고 곧 사회를 변화시켰다.

1440년경 구텐베르크가 인쇄술을 발명한 이후 1세기 만에 2억 권이 넘는 책이 인쇄됐다. 인쇄물의 증가는 과학혁명, 계몽주의의 토대가 되었고 17~19세기 유럽의 문자 보급에 큰 역할을 했다. 이제는 누구나 알고 있는 읽고 쓰기의 중요성을 1400년에는 체감하지 못했다. 하지만 인쇄술이 불러온 문해력 상승은 엄청난 지각변동을 일으켰다. 문자의 보급으로 사회와 교육에 얼마나 큰 변화가 생겼는지 우리는 잘 알고 있다.

오늘날 코드, 컴퓨터, 인터넷이 불러온 변화는 구텐베르크의 인쇄술이 불러온 변화에 비유할 수 있다. 바야흐로 큰 변화가 일어나기 직전, 티핑 포인트에 와 있는 것이다. 여전히 많은 사람들에게 코딩은 낯설고 어려운 것이다. 왜 코딩이 유용한지조차 알지 못한다. 코드를 작성할 수 있는 일부만이 코딩이 제공하는 새로운 기회를 누리고 있다. 코딩과 인터넷, 컴퓨터의 관계는 읽기 쓰기와 인쇄술의 관계와 비슷하다. 코딩은 사회 이동을 촉진하는 변혁적인 기술로 인해 가능해진 신기술이다. 컴퓨터로 치면 우리는 지금 1500년대에 사는 것과 같다.

| 이 책을 읽는 방법 |

이 책을 읽는 가장 좋은 방법은 책을 읽으면서 그 내용을 직접 시도해보는 것이다. '실전 연습'은 프로그램을 작성하고 코드를 실행하거나, 개념을 대화식으로 구성해볼 수 있는 팁이 들어 있다.

책을 읽으면서 직접 시도해볼 수 있도록 대화식 코딩 예제를 책의 구성에 맞게 분류해서 readwritecodebook.com에 올려두었다. 기존 프로그램을 따라해보거나 직접 새로운 프로그램을 작성할 수도 있다. 코드가 작동하는 모습을 보고 시험해보다 보면 이 책에서 설명하는 내용을 더 쉽고 빠르게 이해할 수 있을 것이다.

이 책을 읽었다고 해서 여러분이 순식간에 전문적인 프로그래머가 되지는 않는다. 이 책은 여러분을 코딩 전문가로 만들어주는 마법서가 아니다. 하지만 이 책을 읽으면 코딩에 대한 튼튼한 기초를 쌓을 수 있다. 이 책은 코딩이 무엇인지 이해하고 오늘날 왜 코딩이 중요한지 알고 싶은 여러분을 위한 책이다.

코딩을 정확히 이해하고 싶은가? 이제 그 세계로 들어가보자.

## 1장

Hello World

새로운 프로그래밍 언어를 배우는 사람이 맨 처음 작성하는 코드에서 'Hello World!'라는 문장을 사용하는 경우가 흔하다. 이제는 언어를 배울 때 가장 먼저 'Hello World!'를 입력하는 게 전통처럼 자리 잡았다. 'Hello World!'는 이 책의 독자에게 전하는 환영 인사이기도 하다.

그렇다면 코드란 무엇이며 코딩이란 무엇일까?

코딩은 컴퓨터에 명령을 내리는 일이다. 코드는 컴퓨터가 실행해야 하는 명령어다.

코드는 어떻게 생겼을까? 어떻게 코드를 작성할 수 있을까? 작성한 코드가 어디로 가서 어떻게 실행될까?

코딩에 대해 전혀 들어본 적이 없는 독자라면 질문이 더 많아질 테니 적절한 출발점을 찾는 것조차 어려울 수 있다.

다음은 코드 한 줄이다.

```
print("Hello")
```

이 코드는 파이썬Python이라는 프로그래밍 언어로 'Hello'라는
단어를 화면에 표시(이를 '출력'이라고 한다)한다. 다양한 방식으로
같은 일을 하는 코드를 작성할 수 있다.

```
printf("Hello");
```

이 코드는 C라는 프로그래밍 언어로 'Hello'를 화면에 출력한
다. 자바Java에서는 다음과 같이 쓸 수 있다.

```
System.out.println("Hello");
```

하지만 화면 출력 외에도 코드가 할 수 있는 일은 아주 많다.
코드는 실제로 기술이 발전할 수 있도록 하는 명령의 집합이다.
여러분이 전자우편을 입력하고 전송 버튼을 클릭하면 누군가 전
자우편 송수신을 위해 작성해둔 코드가 작동한다. 휴대전화를 들
고 화면의 카메라 버튼을 터치하고 사진을 찍어서 클라우드에 저
장하는 동안의 모든 과정을 코드가 수행한다. 사람들은 소프트웨
어를 만들기 위해 코드를 작성한다. 우리 눈에는 보이지 않지만
세상은 코드로 가득 차 있다. 이 책에서는 이런 코드의 세상을 살
펴본다.

코드는 다른 말로 초능력이라 할 만하다. 코드를 활용하면 기술

이 제공하는 능력을 다양한 방법으로 창의적으로 활용할 수 있다.

코드가 어떻게 생겼는지 보고 싶다면(이 경우에는 HTML, CSS, 자바스크립트JavaScript 코드다) 브라우저에서 아무 웹페이지나 열고 오른쪽 클릭을 한 다음, '페이지 소스 보기'(영문 메뉴라면 'View Page Source')를 선택해보자. 브라우저가 보여주는 코드가 바로 여러분이 연 웹페이지를 만들어낸 코드다.

| 프로그래밍 언어 |

프로그래밍 언어는 컴퓨터에 명령을 내리기 위한 규칙의 집합, 또는 구체적인 '언어'다. 여러 용도로 사용하는 다양한 프로그래밍 언어가 존재한다. 시간이 지남에 따라 선호되는 언어에는 차이가 있다. 각 프로그래밍 언어는 주사용 목적이 서로 다르며 장단점도 다르다.

사람들이 대화할 때 사용하는 자연어를 프로그래밍 언어의 아주 느슨한 비유로 사용할 수 있다. 자연어처럼 의사소통에 사용된다는 공통점이 있지만 어휘, 구, 접근 방법은 모두 다르다. 영어, 한국어 같은 자연어와 달리 여러분이 프로그래밍 언어를 '말한다'라고 표현하지는 않을 것이다. 대신 어떤 프로그래밍 언어를 쓴다고 표현하거나 어떤 프로그래밍 언어로 코드나 프로그램을 작성할 수 있다고 표현한다. 그리고 어떤 프로그래밍 언어를 이해한다고 표현할 수도 있지만 실제로 프로그래밍 언어로 말하지는 않는다.

프로그래밍 언어는 서로 연관되어 있다. 각 프로그래밍 언어는 서로 다른 역사와 분류를 지니며, 시간에 따라 진화한다. 이런 측면에서는 프로그래밍 언어와 자연어가 비슷하다.

자바스크립트, 파이썬, C, C++, 자바 등이 대표적인 프로그래밍 언어다. 그러나 이보다 더 많은 프로그래밍 언어가 존재한다!

영역 특화 언어domain specific language라는 프로그래밍 언어도 있다. 영역 특화 언어라는 말은 어떤 구체적인 작업에서 아주 유용하게 쓰일 수 있는 언어라는 뜻이다. 예를 들어 SQL은 특히 데이터베이스만을 위한 언어이며 매트랩MATLAB은 수학 데이터 계산과 과학기술 모델링을 위해 쓰이는 언어다.

C는 자바, 자바스크립트, C++ 등의 여러 언어에 영향을 끼친 유명한 프로그래밍 언어다. C에서 비롯된 언어는 모두 문법이 비슷하고, 몇 가지 연관된 아이디어를 공유한다.

프로그래머들은 마치 종교에 가까울 만큼 선호하는 프로그래밍 언어가 정해져 있다. 이런 현상은 실제로는 프로그래밍 언어에 의해 비롯된 것이라기보다는 프로그래밍 언어를 둘러싸고 있는 커뮤니티 구성원 중 일부에 대한 관찰에서 비롯된 사실이라 할 수 있다.

│ 소프트웨어, 앱, 프로그램 │

코딩과 연관된 단어는 많다. 그중 일부는 구체적인 어떤 대상을 가리키며, 다른 일부는 가리키는 대상이 서로 겹치기도 한다.

따라서 각 단어가 어떤 대상을 가리키는지 추적하기가 어려울 때도 있다. 이 책에서는 이런 핵심 용어 중 몇몇을 소개하고 이들이 서로 어떻게 연관되는지 이야기할 것이다.

가장 먼저 설명할 단어는 코드다. 코드는 컴퓨터가 실행할 실제 명령들이다. 코드를 모아둔 묶음 전체를 가리켜 컴퓨터 프로그램 혹은 프로그램이라고 할 수 있다. 이 프로그램을 소프트웨어라고 부르기도 한다. 그리고 소프트웨어 중 몇몇은 애플리케이션이나 응용프로그램이라고 부르는 게 정확하다. 애플리케이션을 줄여서 응용이나 앱이라고 부르기도 한다(한국에서는 휴대전화 앱을 휴대전화 어플이라고 부른다).

그렇다. 이 단어들은 혼란스럽다. 코드, 프로그램, 소프트웨어, 어플이 모두 같은 대상을 지칭하는 말일까? 실제 같은 대상을 가리키는 측면이 있다. 하지만 여기서 각 단어에 대해 알아둬야 하는 내용은 각 단어의 어감이 서로 다르며 서로 다른 방식으로 쓰인다는 점이다.

여러분은 모바일 환경에서 흔히 쓰는 아이폰 앱이나 안드로이드 앱이라는 단어에 익숙할 것이다. 모바일 앱은 실제로는 스마트폰에서 작동하는 컴퓨터 프로그램일 뿐이다. 웹 앱web app은 웹 또는 인터넷상에서 실행되는 프로그램이다. 앱이나 애플리케이션이라는 말은 실제로는 이런 범주의 프로그램 중 어느 것이든 가리킬 수 있다. 따라서 사람들이 모바일 앱을 줄여서 '앱'이라고 말할 수도 있지만, 기술적으로는 애플리케이션인 모든 소프트웨어를 가리킨다.

다양한 경우에 '앱', '프로그램', '소프트웨어'를 서로 바꿔 쓸 수 있다. 코드는 여러분이 앱을 만들기 위해 실제로 작성하는 어떤 것을 뜻한다. '앱'은 좀 더 사용자 쪽의 용례에 가까운 말이다. '프로그램'이나 '코드'는 소프트웨어를 만들어내는 사람들이 더 많이 사용하는 용어다.

| 다시 Hello World |

다시 Hello World로 인사를 나눠보자. 이제 몇 가지 용어와 개념을 익혔으니 Hello World 예제로 다시 돌아가자.

Hello World는 전통적으로 새로운 프로그래밍 언어를 배우는 사람들이 가장 먼저 작성하는 프로그램이다. 화면에 'Hello World'를 출력할 수 있는지 살펴봄으로써 새 언어를 시험해본다는 것이 Hello World의 목적이다. Hello World 프로그램을 작성하는데는 단 몇 줄의 코드만으로 충분한 경우가 많다.

우리는 파이썬이라는 언어로 시작한다. 다음은 파이썬으로 작성한 Hello World다.

```
print("Hello World")
```

이게 끝이다! 쉽고 멋지다. 코드 한 줄이면 충분하다. 이 프로그램을 실행하고 싶다면 (맥 사용자의 경우) 터미널 프로그램을 실행*하고 다음을 타이핑해보자.

```
python
```

엔터키를 누른 후 다음 코드를 그대로 입력해보자.

```
print("Hello World")
```

괄호와 큰따옴표를 꼭 넣어야만 한다. 여러분이 프로그램을 작성할 때 컴퓨터는 아주 까탈스럽다. 하지만 지금까지 본 게 전부다! 이제는 자바스크립트로 Hello World를 작성해보자. 자바스크립트는 브라우저의 프로그래밍 언어다. 자바스크립트에서는 다음처럼 Hello World를 작성할 수 있다.

```
console.log("Hello World");
```

이 프로그램을 실행하려면 구글 크롬과 같은 웹브라우저를 열어야 한다. google.com으로 이동해서 오른쪽 클릭을 하고 검사(영문 메뉴의 경우 Inspect)를 선택하자. 그 후 콘솔(영문 메뉴의 경우 Console) 탭을 클릭하고 다음을 입력하면 된다.

```
console.log("Hello World");
```

*   윈도우 사용자의 경우 '명령 프롬프트'라는 아이콘을 클릭하거나, 화면 하단 시작 버튼 옆의 검색줄에서 cmd를 입력해 직접 명령 프롬프트를 실행할 수 있다.

자바 언어의 Hello World는 조금 더 복잡하다.

```
public class HelloWorld {
    public static void main(String[] args) {
        System.out.println("Hello World");
    }
}
```

Hello World 프로그램이 멋진 이유는 각 프로그래밍 언어를 활용하는 패턴이 어떤지에 대해 조금이나마 깨달을 수 있게 해주기 때문이다. 지금까지 본 코드를 통해 몇 가지 패턴을 알아낼 수 있다.

한 가지는 각 프로그램에서 'Hello World'를 큰따옴표 사이에 썼다는 점이다. 이것을 문자열string이라고 부른다. 문자열은 파이썬, 자바, 자바스크립트에서 공통적으로 적용된다.

다른 점도 볼 수 있다. 자바와 자바스크립트에서는 각 줄의 끝에 세미콜론;을 붙이지만 파이썬에서는 그렇지 않다는 점이다. 또한 'Hello World'를 괄호 사이에 넣었다는 사실도 알 수 있다.

루비Ruby라는 프로그래밍 언어에서는 Hello World를 어떻게 쓸 수 있을까? 루비에서는 다음과 같다.

```
puts "Hello World"
```

앞에서 본 코드 중 어느 쪽에 가장 가까운가?

C 언어에서는 다음과 같다.

```c
#include <stdio.h>
int main()
{
    printf("Hello World");
    return 0;
}
```

C++에서는 다음처럼 Hello World를 쓸 수 있다.

```cpp
#include <iostream>
int main()
{
    std::cout << "Hello World" << endl;
    return 0;
}
```

C와 C++은 꽤 비슷하지만 약간 차이가 있다는 점을 알 수 있다. C에서는 printf라는 단어를 사용하지만 C++에서는 std::cout를 사용한다(한편 C++은 C의 기능을 상당 부분 지원하기 때문에 C++에서도 여전히 printf를 쓸 수 있다). 이렇게 단순한 프로그램을 작성

하는 것만으로 얼마나 많은 사실을 배울 수 있는지, 그저 놀라울 따름이다.

| 언어별로 Hello World 출력하기 |

언어	Hello World를 출력하는 코드
파이썬	print("Hello World")
자바스크립트	console.log("Hello World");
루비	puts "Hello World"
자바	System.out.println("Hello World");
C++	std::cout << "Hello World" << endl;
C	printf("Hello World");

| 어셈블리 언어와 기계 코드 |

사물을 살펴보는 방법에는 하향식(톱다운)과 상향식(바텀업) 방법이 있다. 하향식은 자연어에 가까워 사람이 더 쉽게 이해할 수 있는 고수준에서 시작해서 점점 저수준으로 내려가는 방식이다. 저수준 언어는 하드웨어에 가장 가까운 언어로, 실제 하드웨어 언어는 0이나 1로만 이루어진 언어다.

파이썬이나 자바스크립트처럼 자연어에 가장 가까운 프로그래밍 언어로 프로그램을 작성하는 것은 고수준 코드를 작성하는 것이다.

첫 번째 프로그램 작성하기

코드를 배우는 가장 좋은 방법은 직접 해보는 것이다. 이 책의 웹사이트 *readwritecodebook.com*에 들어가면 방금 살펴본 Hello World 프로그램을 모두 실행해볼 수 있다. 사이트에서 다음을 시도해보자.

- 파이썬으로 Hello World를 실행해보자.
- 자바스크립트로 Hello World를 실행해보자.
- C++로 Hello World를 실행해보자.
- 자바로 Hello World를 실행해보자.
- 문자열 안의 텍스트를 Hello World가 아닌 다른 내용으로 바꿔서 출력해보자.

어셈블리 언어Assembly language는 가장 저수준 언어다. 고수준 프로그래밍 언어로 작성된 프로그램을 컴퓨터에서 실행하기 위해, 프로그램을 어셈블리 언어로 변환하는 경우가 많다.

어셈블리 언어는 아주 단순한 명령들의 집합이다. 이런 명령 집합에는 수를 한 위치에서 다른 위치로 옮기라는 명령도 들어있고, 두 수를 더하라는 명령도 있다. 다른 수학 연산이나 논리연산 명령도 있다. 함수를 호출하거나 프로그램의 다른 곳으로 건너뛰게 하는 명령처럼 프로그램의 흐름을 변경하는 명령도 있다. 어떤 수를 다른 위치로 이동시키는 어셈블리 코드 명령의 생김새를 살펴보자.

```
mov eax, 7h
```

　이 명령은 7이라는 16진수를 eax라는 레지스터register로 옮긴다. 여기서 eax 레지스터는 컴퓨터 안에서 쉽게 접근할 수 있는 특정 위치[*] 가운데 하나다.

　복잡한 프로그램을 이런 언어만 사용해 작성하기는 어렵다. 하지만 컴퓨터는 낮은 수준에서 이런 언어를 통해 작동한다. 이보다 더 낮은 기계 코드라는 수준도 있다. 기계 코드는 숫자로 이루어져 있어 컴퓨터가 직접 실행할 수 있다.

| 컴파일러와 인터프리터 |

　'print(10)'이라고 쓰기만 하면 그냥 화면에 10이 출력되는 것처럼 보이지만, 실제로는 중간에 많은 일이 벌어진다.

　컴파일러compiler라는 어떤 존재가 이런 과정을 수행한다. 컴파일러는 프로그램을 컴파일한다. 이 말은 한 언어로 작성된 프로

---

[*]　컴퓨터 CPU 안에는 계산 시 빠르게 사용할 수 있는 몇 가지 기억 장소가 있는데 이런 부분을 레지스터라고 부른다. 반면 CPU 밖에 있는 램RAM이나 롬ROM 등의 기억 장소는 메모리라고 부른다. 한편, 메모리에서 데이터를 가져오거나 데이터를 쓰려면 주소 버스address bus와 데이터 버스data bus라는 것을 조작해야 하는데 CPU와 메모리를 오가는 버스(버스는 그냥 전기가 잘 통하는 구리선을 여럿 묶은 것이라 생각할 수 있다)가 한 벌씩밖에 없기 때문에 읽기와 쓰기를 한 명령어 안에서 동시에 처리하기는 어렵다. 대부분의 컴퓨터 CPU는 메모리에서 값을 읽어와 계산을 수행하고 다시 그 값을 메모리에 넣는 식의 명령을 제공하지 않는 경우가 많다. 그래서 메모리 값을 가지고 계산을 하려면 메모리에 있는 값을 일단 레지스터로 읽어와야 한다.

그램을 다른 언어로 변환한다는 뜻이다. 컴파일러 자체도 컴퓨터 프로그램이다. 컴파일러는 보통 고수준 언어를 저수준 언어로 변환하는 방식으로 작동한다. 따라서 컴파일러는 여러분이 자바나 C 언어로 작성한 프로그램을 컴퓨터가 실행할 수 있는 어떤 것으로 변환한다.

프로그램을 컴파일러를 통해 실행하는 경우, 다음과 같은 작업이 일어난다.

① 프로그램을 작성한다.
② 프로그램을 컴파일한다.
③ 컴파일러가 다른 (컴퓨터에서 실행할 수 있는) 프로그램을 생성한다.
④ 생성된 프로그램을 실행한다.

다양한 언어가 컴파일러에 의해 컴파일되어 실행된다. 하지만 몇몇 언어는 인터프리터interpreter라는 통역기를 거쳐 실행된다. 인터프리터는 프로그램을 저수준 언어로 변환하지 않고 바로 실행해준다. 인터프리터로 프로그램을 실행할 때는 다음과 같은 작업이 일어난다.

① 프로그램을 작성한다.
② 인터프리터 안에서 프로그램을 실행한다.

파이썬과 자바스크립트는 스크립팅scripting 언어로 간주되어 인터프리터에 의해 실행된다. 반면 자바, C 등은 컴파일 언어이다.

| 운영체제 |

여러분은 어떤 운영체제를 사용하는가? 맥이라면 맥 OS, 아이폰이라면 iOS를 사용하고 있을 것이다. 여기서 OS는 '운영체제'라는 뜻이다. PC나 인텔 호환 CPU가 설치된 노트북을 사용하고 있다면 마이크로소프트 윈도우 운영체제를 사용 중일 것이다. 오픈소스를 잘 아는 독자라면 PC나 노트북에서 리눅스Linux를 실행하거나, 우분투Ubuntu 같은 특정 배포판을 사용 중일 수도 있다. 안드로이드도 스마트폰을 위한 운영체제다.

여러분은 아마 이런 운영체제 중 몇 가지의 이름을 이미 알고, 그중 몇몇을 사용 중일 것이다. 그렇다면 도대체 운영체제란 무엇일까? 좋은 질문이다. 다양한 운영체제에는 여러 가지 공통점이 있지만 각 운영체제는 상당히 다르다. 하지만 아주 단순화한 수준에서 운영체제operating system는 컴퓨터가 실제 작동하도록 하는 저수준의 소프트웨어를 뜻한다. 운영체제는 하드웨어와 협력하고 메모리 관리 등 작업을 제어하며, 프로그램이 실행될 수 있게 해주고, 사용자 입력을 받는 등의 일을 처리한다.

운영체제는 웹브라우저와 같은 애플리케이션과 실제 컴퓨터 하드웨어 사이에 존재하는 소프트웨어다. 운영체제를 다음과 같이 생각할 수 있다. 여러분에게 컴퓨터나 스마트폰이 있다. 처음에는 하드웨어만으로 시작한다. 하지만 하드웨어만으로는 할 수 있는 게 거의 없다. 텍스트 메시지를 보내거나 웹페이지에 방문(이런 기능을 제공하는 프로그램이 애플리케이션이다)하고 싶다면, 어떻게 하드웨어 위에서 바로 애플리케이션을 실행할 수 있을까? 실제로는 중간에 소프트웨어(바로 운영체제)가 있어서 다양한 애플리케이션을 실행하기 위해 필요한 기본적인 작업이나 공통 작업을 처리해준다. 그리고 운영체제는 자기 자신을 바탕으로 애플리케이션을 작성할 수 있는 수단을 제공한다. 예를 들어 아이폰 개발자나 안드로이드 프로그래머 등의 모바일 애플리케이션 개발자는 자신의 앱을 스마트폰 운영체제가 제공하는 기능을 바탕으로 작성한다.

| 전체를 하나로 엮기 |

이제 이 모든 요소가 어떻게 함께 작동할까? 고수준에서, 지금 나는 컴퓨터에서 키보드를 타이핑하며 구글 독스를 사용 중이다. 지금까지 새롭게 배운 여러 단어를 활용하면 이 상황을 어떻게 더 잘 이해할 수 있을까?

구글 독스는 구글 크롬 웹브라우저 안에서 실행되는 소프트웨어 애플리케이션이다. 웹브라우저도 역시 소프트웨어 애플리케이션이다. 웹브라우저 크롬은 맥 OS 운영체제 위에서 직접 실행되는 네이티브native 애플리케이션이다.

키를 누르는 행위는 하드웨어인 키보드와 상호작용하는 행위다. 키를 누르면 신호가 발생하고, 운영체제가 인터럽트interrupt를 받는다. 인터럽트란 운영체제가 처리해야 할 일이 발생했다는 표시를 뜻한다. 그리고 이 인터럽트에서 비롯된 정보가 다시 웹브라우저를 통해 웹애플리케이션에 전달된다.

다른 수준에서 살펴보자. 구글 독스를 위해 작성된 코드는 자바스크립트로 되어 있다. 자바스크립트는 내 컴퓨터에서 실행되는 웹브라우저에서 실행된다. 이 코드는 프로그래머가 작성한 명령을 컴퓨터가 이해할 수 있는 언어로 바꾸어 실행한다.

다른 수준에서 살펴보면 구글 크롬은 C++이라는 다른 언어로 작성됐다. C++은 실행할 수 있는 프로그램(구글 크롬 앱)으로 컴파일된다. 내가 구글 크롬 앱 아이콘을 클릭하면 크롬 애플리케이션이 실행된다(애플리케이션을 바이너리라고 부르기도 한다!).

이외에도 더 많은 요소가 관여한다. 하지만 이제 여러분은 어떤 일이 벌어지는지, 즉 코드로 어떻게 소프트웨어를 구성하는지, 애플리케이션이 왜 소프트웨어인지, 그리고 애플리케이션이 운영체제 위에서 어떻게 실행되는지에 대해 이해하게 됐다. 그뿐 아니라 다른 프로그램을 실행하는 코드가 있다는 것과 컴파일러가 그런 일을 수행한다는 것도 알았다. 놀랍지 않은가!

| 주판에서 아이폰에 이르기까지 |

지금 여러분의 주머니에는 스마트폰이라는 형태의 슈퍼컴퓨터가 들어 있다. 스마트폰 가운데 아이폰을 예로 설명해보자. 아이폰 12에는 가로 7.8센티미터, 세로 15.4센티미터 화면과 4GB 램, 256GB 저장장치가 탑재되었으며, 이 폰을 사용해 전화를 걸고, 웹에 접속하며, 사진이나 비디오를 찍고, 다양한 소프트웨어 앱을 실행할 수 있으며, 심지어 기계학습 가속기도 들어 있다.

초기 컴퓨터에서 아이폰에 이르기까지 많은 변화가 있었다. 최초의 컴퓨터는 무엇일까? 이 질문은 어려운 질문이다. 하지만 사람들은 오랫동안 계산을 돕는 도구를 사용해왔다. 다만 최근 50년 동안(특히 가장 최근의 20년간) 이런 도구의 개선이 더 가파르게 진행됐다.

지금까지 알려진 가장 오래된 계산 도구는 주판이다. 주판은 최고 기원전 2300년에 등장한 최초의 계산 도구다.

몇천 년이 지난 1801년, 조제프 마리 자카드가 펀치카드를 사용해 복잡한 무늬를 반복해서 짤 수 있는 방직기를 발명했다.

1822년 후반 수학자이자 발명가인 찰스 배비지는 계산 기계인 차분기관Difference Engine에 관한 아이디어를 떠올렸고 훗날 해석기관Analytical Engine이라는 기계를 발명했다. 해석기관은 오늘날 사용 중인 컴퓨터의 여러 요소를 포함하고 있지만 끝내 완성하지 못했다.

찰스 배비지의 친구이자 함께 연구를 진행한 에이다 러브레이스는 분석기관의 아이디어를 확장해 베르누이 수를 계산하는 알고리즘을 만들어냄으로써 분석기관을 계산 외의 영역에 어떻게 활용할 수 있는지 보여주었다. 이 업적으로 러브레이스는 세계 최초의 프로그래머로 인정받았다. 에이다는 영국 시인 바이런의

딸로도 유명하다.

1936년 앨런 튜링은 범용 컴퓨터인 튜링 기계Turing Machine를 제안했다.

1945년 에니악ENIAC이 만들어졌다. 에니악은 최초로 만들어진 범용 디지털 컴퓨터로, 제작에 들어간 비용만 현재 환율로 650만 달러 이상이었다. 무게는 30톤, 높이 5.5미터, 길이 24.5미터의 실로 어마어마한 크기였다.

1960년대에 큰 메인프레임 컴퓨터들이 널리 쓰이기 시작했다. 그리고 마우스나 그래픽 인터페이스가 발명됐다. 1970년 개인이 사용하기 더 쉬워진 개인용 컴퓨터PC가 등장했다. 첫 번째 휴대전화 통신은 1973년 이루어졌지만 전화의 무게는 2킬로그램이 넘었고 가격은 현재 환율로 100만 달러 이상이었다.

1970년대 이후, 컴퓨터는 급속히 진화하여 더 작고 더 빨라지면서 오늘날 우리가 널리 사용하는 현재의 모습이 됐다. 에니악은 초당 5000번 덧셈을 수행하거나 초당 386번의 곱셈을 수행하는 데 그쳤지만, 아이폰은 에니악과 비교도 할 수 없을 만큼 작은 크기로 초당 26.6억 번 명령을 수행할 수 있는 프로세서가 탑재되었고, 매초 수천억 번의 연산을 수행할 수 있다.

| 간략한 컴퓨터 역사 연표 |

연도	컴퓨터
기원전 2300	주판
1801	자카드 방직기
1822	차분기관
1837	해석기관
1936	튜링 기계
1946	에니악
1960년대	메인프레임 컴퓨터
1970년대	개인용 컴퓨터
1973	최초의 무선전화기
2007	최초의 아이폰

| 버그와 디버깅 |

코드를 작성하는 일은 컴퓨터에 명령을 내리는 일이다. 이렇게 설명하니 무척 간단한 것처럼 보이지만, 복잡한 문제를 단순한 문제로 나눠서 해결하는 여러 좋은 아이디어를 활용하더라도 코드 작성은 아주 복잡한 일이라는 사실이다. 여러분이 작성한 코드나 소프트웨어에 문제가 발생할 때가 있는데, 이를 버그라고 부른다. 이런 오류를 수정하고 추적하는 작업을 디버깅이라고 한다.

코드 디버깅은 탐정 활동과 비슷하다. 어딘가 이상한 부분이 있다면 그 오류의 근원을 찾아야 한다. 프로그램의 출력이나 프로그램이 실행되는 동안 나타나는 여러 증상을 살펴보고 여러분이 활용할 수 있는 몇 가지 도구를 활용해 버그를 추적해야 한다. 문제를 디버깅하기 위해 프로그래머는 프로그램의 흐름을 추적하고, 프로그램이 어떤 일을 하는지 한 단계씩 추적하며, 어디가 잘못됐는지 관찰해야 한다. 가장 중요할 수도 있는 활동은 어떤 가정하에 프로그램이 정상 작동하리라 예상했는지 살펴보고, 각각의 가정이 정말 성립하는지와 그 가정이 성립할 때 과연 프로그램이 정상 작동하는지 질문을 던져보는 것이다.

버그 수정이 매우 어려울 수도 있다. 때로는 버그가 생긴 이유가 놀랄 만한 것일 수도 있고, 어이없을 정도로 단순할 때도 있다. 프로그램을 작성하다가 어려운 버그를 수정하려고 고생해본 사람들에게 물어보라. 단순한 타이핑 실수나 따옴표, 세미콜론을 빼먹거나 단어를 잘못 쓰는 것으로 복잡한 시스템에서 큰 버그가 발생할 수도 있다. 심지어 잘 작동하던 시스템이 아무런 이유 없이 잘못되는 경우도 있다! 어떻게 이런 일이 생길까? 새로운 데이터가 입력되거나, 프로그램 에지케이스에서 문제가 생기거나, 시스템의 다른 부분에서 문제가 생겼을 수도 있다. 에지케이스 edge case*는 프로그램을 작성할 때 미처 고려하지 못한 극단적인 경우나 아주 드문 경우를 발생시키는 테스트케이스(입력과 프로그램 상태의 조합)를 뜻한다.

예를 들어 여러분이 두 수의 나눗셈을 계산하는 프로그램을 작성한다고 가정하자. 작성한 프로그램이 잘 작동함을 확인했다.

이제 다양한 수를 넣어가면서 프로그램을 테스트해봤다. 그 후 여러분이 작성한 프로그램을 친구에게 줬는데, 친구가 어떤 수를 0으로 나누려고 하자 갑자기 오류가 나면서 프로그램이 종료돼 버렸다! 0으로 나누는 경우를 미처 생각하지 못했기 때문이다. 친구는 에지케이스를 테스트했고 버그를 찾았다. 이제 여러분은 무엇이 잘못됐는지 알아내서 디버깅해야 한다.

프로그램에서는 버그가 자주 발생한다. 어떤 프로그램이든 버그가 존재한다. 실제로 그냥 '완성되고' 그냥 잘 작동하는 시스템은 없다. 매일매일 여러분이 사용하는 웹사이트 안에도 버그나 갑자기 프로그램이 중단될 만한 문제들이 수없이 많이 숨어 있을 수 있다. 하지만 모든 버그가 프로그램의 전체 작동을 멈추는 버그인 것은 아니다.

하지만 소프트웨어에는 항상 버그가 있다. 경우에 따라 망가져도 잘 작동하는 물건도 있다. 컴퓨터 및 코드의 복잡도와 내부 동작을 드러내 알게 될 때마다, 그 모든 게 제대로 작동한다는 사실이 놀라울 때가 있다.

＊　　안타깝지만 컴퓨터과학 용어 가운데는 우리말로 번역하지 않고 그냥 음차해 외래어처럼 사용하는 경우가 많다. 에지케이스도 그런 경우다. 우리말 번역어가 잘 사용되지 못하는 이유는 몇 가지가 있다(사실 이 문제는 컴퓨터과학뿐 아니라 과학기술 전반에서 점점 심화되고 있는 문제이기도 하다). 가장 큰 이유는 모든 사람이 사용해야 하는 적절한 번역어를 제시하는 공인된 기관도 없고, 관련 학계도 용어 번역에는 큰 관심이 없기 때문이고, 그다음은 관련 업계나 학계 종사자들이 외국과 의사소통을 하는 과정에서 영어를 사용해야 하기에 굳이 우리 말로 번역한 용어를 쓰고 싶어 하지 않기 때문이며, 마지막으로 기술 변화가 너무 빠르기 때문에 적절한 역어를 찾아 쓰기 전에 상당수의 사람이 영어 용어에 익숙해지기 때문이다.

| 매우 나쁜 버그 |

어떤 버그는 아주 처리하기 어렵다. 앞에서 본, 처음에는 모든 게 잘 작동하는 것처럼 보였던 나눗셈 프로그램에 있던 0으로 나누는 경우를 처리하지 않았던 버그를 생각해보자. 약간의 시간을 투자하면 프로그램을 살펴보면서 입력이 0인 경우를 처리하도록 프로그램을 고칠 수 있다. 하지면 0으로 나누는 경우를 처리하지 않는 버그가 더 큰 프로그램에 속해 있다면 어떨까?

몇몇 버그는 정말로 나쁘다. 그리고 그 영향도 크다. 간단한 문제에서 처리하기 어려운 심각한 버그가 발생할 수도 있다.

요즘 들어 버그는 더 자주, 기분 나쁜 별명이 붙은 채 뉴스에 등장하곤 한다. 2018년 '스펙터Spectre'와 '멜트다운Meltdown'이라는 이름이 붙은 두 취약점(실제로는 버그)이 등장했다. 이들은 아주 자주 쓰이는 CPU 칩 수준의 문제였다.

2002년 미국 상무부 연구에 따르면 버그가 미국 경제에 미치는 영향이 연 590억 달러(2002년 환율 기준 약 70조 원)에 이른다.

1982년 테락-25Therac-25라는 방사선 치료기가 버그로 인해 정상적인 방사선 피폭 기준보다 수백 배 더 많은 방사선을 조사했고, 이로 인해 수많은 사람이 죽었다. 이런 버그는 정말 나쁜 버그다.

1962년에는 코드에서 붙임표 하나(정말로 붙임표 하나였다)가 빠졌다는 이유만으로 금성으로 향하던 마리너 1호가 추락했다. 마리너 프로젝트는 당시 시세로 8000만 달러였고, 2020년 달러

시세로는 약 6억 8500만 달러(2020년 환율로 약 7400억 원)에 달한다. 이 사고는 "역사상 가장 비싼 붙임표"라고 불린다(실제로는 R⁻를 R이라고 잘못 적어서였다!).

'Y2K 버그'(다른 이름으로 밀레니엄 버그나 2000년 버그)를 기억하는 독자도 있을 것이다. 이 버그는 날짜 표현 방식과 관련이 있다. 2000년 이전에는 연도를 마지막 두 자리만 저장하는 컴퓨터가 대부분이었다. 예를 들어 1993년을 표현하기 위해 1993 대신 93을 저장하는 식이다. 이는 2000년과 1900년을 구분하지 못한다는 뜻이다.

따라서 여러분이 프로그램을 사용할 때는 이 사실을 기억해야 한다. 때로 프로그램이 작동하지 않을 수도 있다. 이런 경우 이유가 여러분 자신일 때도 있지만, 코드에 포함된 어떤 버그 때문인 경우도 자주 있다.

2장 | 0 아니면 1

| Y2K 버그 |

1999년 1월 《타임》지는 표지에 Y2K 버그로 인한 "세계의 종말"을 선언했다. 2000년이 다가오면서 1999년까지 문제없이 작동하던 컴퓨터들에 큰 오류가 생길지도 모른다는 현실적인 우려가 퍼졌다. 흔히 컴퓨터에 날짜를 저장할 때는 1995 대신 95처럼 마지막 두 자리만 저장하는 경우가 많았다. 1999년에서 2000년으로 해가 바뀌면 99가 00이 되는데 이 00은 1900년일까 2000년일까? 아니면 어떤 또 다른 해일까? 이런 일이 생기면 모든 게 망가지고 재설정될까? 은행에서는 어떤 일이 벌어질까? 디지털 세계가 붕괴하는 것은 아닐까?

Y2K 버그를 이해하려면 컴퓨터 내부에서 어떤 일이 벌어지는지 이해하고, 어떻게 숫자를 표현하고 해석하는지 알아야 한다.

왜 프로그래머들은 이런 문제를 사전에 방지하기 위해 날짜 저장에 더 많은 숫자를 사용하지 않았던 걸까? 프로그래머들의 사정부터 설명하자면 처음에는 비싼 저장장치의 저장공간을 아끼기 위해 이 같은 꼼수를 사용해왔다.

Y2K로 발생한 버그를 수정하고 2000년을 대비하는 데 3000억 달러, 요즘 시세로 4260억 달러(2020년 환율로 460조 원)가 들었다. 날짜를 표시하는 방식이 이렇게나 다양한 영향을 끼치고, 이렇게 많은 문제를 불러올 거라고 누가 상상이나 했겠는가? 정보를 컴퓨터에 저장하고 표현하는 방식을 이해하면 이런 문제를 이해하는 데 도움이 된다.

| 2진수: 0과 1만 사용하는 수 표현 방식 |

2진수는 내가 가장 좋아하는 개념이다. 컴퓨터에서는 모든 것이 0이나 1의 조합으로 이루어진다. 프로그래밍 언어를 사용하든 애플리케이션을 다루든, 이미지나 비디오를 보든 그 기능을 이해하기 위해 컴퓨터 내부로 깊이깊이 들어가면 결국에는 모든 것이 0과 1의 조합으로 이루어졌음을 알 수 있다.

모든 값을 0과 1만 조합해 구축하는 체계를 2진binary 체계라고 한다.

2진 체계라는 말은 밑이 2인 수 체계라는 말이다. 이 말은 0이나 1을 조합해서 어떤 숫자든 표현할 수 있다는 뜻이다. 여러분은 밑이 10인 10진 수 체계number system에 익숙하다. 10진수에서

352

이 숫자는 삼백오십이다. 하지만 이를 다른 방식으로 생각할 수도 있다.

    100   3개
     10   5개
      1   2개

어렸을 때 여러분은 숫자에 대해 이런 식으로 배웠다. 하지만 이를 조금 더 자세히 나눠 생각해보면, 각 '자리place'가(여기서는 100의 자리, 10의 자리, 1의 자리) 0은 10의 거듭제곱임을 깨닫게 된다.

이 말은 맨 끝의 1의 자리는 10^0 (10의 0제곱 또는 100)이고, 끝에서 두 번째인 10의 자리는 10^1(10의 1제곱 또는 101), 맨 앞의 자리인 100의 자리는 10^2(10의 2제곱)으로 10×10이라는 뜻이다.

이를 다음 표처럼 살펴볼 수도 있다.

즉, $300 + 50 + 2 = 352$

	3	5	2
자리	100의 자리	10의 자리	1의 자리
10의 거듭제곱	10^2=100	10^1=10	10^0=1
결과	3×100=300	5×10=50	2×1=2

여러분은 이런 식의 10진 계산법에 익숙하다.

밑이 2인 2진수도 10진수와 마찬가지 원리로 작동한다. 다만 각 자리가 10의 거듭제곱이 아니라 2의 거듭제곱이라는 점이 다를 뿐이다. 2진수가 더 어려워 보이는 이유는 우리가 10의 거듭제곱에 익숙하고 2의 거듭제곱은 거의 사용하지 않기 때문이다.

따라서 밑이 10일 때의 각 자리인 1, 10, 100, 1000 대신에 밑이 2일 때 각 자리는 2의 거듭제곱이기 때문에 1, 2, 4, 8… 이런 식이다. 첫 번째 2의 거듭제곱(2진수를 쓰면 맨 마지막 자리)은 $2^0 = 1$이다. 두 번째 거듭제곱은 $2^1 = 2$다. 세 번째 거듭제곱은 $2^2 = 4$다.

밑이 10인 숫자에서 거듭제곱 부분을 제외한 다른 부분은 각 자리에 올 수 있는 숫자가 10개라는 점이다. 이 숫자는 0, 1, 2, 3, 4, 5, 6, 7, 8, 9다.

하지만 각 자리에 2의 거듭제곱을 사용하는 밑이 2인 숫자에서 각 자리에 올 수 있는 숫자는 두 가지, 즉 0 아니면 1뿐이다.

자, 101이라는 2진수가 있다고 해보자.

	1	0	1
자리	4의 자리	2의 자리	1의 자리
2의 거듭제곱	$2^2=4$	$2^1=2$	$2^0=1$
결과	1×4=4	0×2=0	1×1=1

결과는 $4 + 0 + 1 = 5$이다.

따라서, 101이라는 2진수는 10진수 5와 같다.

컴퓨터에 사용하기에 2진수가 멋진 이유는 맨 밑바닥에서 모든 것을 0과 1로만 표현할 수 있다는 점에 있다. 최신 고해상도 영화도 궁극적으로는 0과 1로 표현할 수 있다.

어떻게 그게 가능한 것일까? 이미지가 모여서 영화가 된다. 그리고 각 이미지는 픽셀이라는 색깔 점들이 모여서 이루어진다. 각 픽셀은 빨간색, 녹색, 파란색으로 구성된다. 이 세 가지 구성은 다시 0~255까지의 수로 표현할 수 있고, 이런 '0~255 범위'인 수를 1바이트byte 또는 8비트bit라고 한다. 이 수가 2진수로 00000000부터 11111111 사이의 수다.

컴퓨터는 궁극적으로 모든 대상을 어떻게든 2진 데이터로 변환(또는 인코딩encoding)해서 작동한다. 여러분이 보는 웹사이트를 긴 2진수 목록으로 변환하는 표현 방법이 존재한다. 2진 데이터

························> **실전 연습**

2진수 변환

다음 2진수의 값을 알아낼 수 있는가? 각 2진수가 10진수로 어떤 값인지 계산해보자.

```
110
10101
10011101
```

는 단지 0과 1로만 이루어진다는 흥미로운 특성 때문에 아주 강력하고 중요하다. 1과 0은 아주 쉽게 '꺼짐과 켜짐', '참과 거짓'이라는 개념에 대응시킬 수 있다. 그리고 컴퓨터를 만들어내는 트랜지스터라는 부품으로 이런 1과 0을 쉽게 대응시킬 수 있다.

| 2진수에서 비트, 바이트, 메가바이트, 기가바이트로 |

이제 여러분은 2진수에 대해 안다. 2진수는 밑이 2인 수 체계다. 2진수는 각 자리에 0과 1만 올 수 있는 숫자일 뿐이다. 2진수를 아주아주 다양한 방법으로 해석하는 트릭을 사용할 수 있다.

10010은 2진수이다. 마찬가지로 11011101101도 2진수다. 실제로는 원하는 어떤 수든 2진수로 적을 수 있다.

1이나 0 하나를 비트bit라고 부른다. 비트는 '2진binary'과 '숫자digit'를 조합해 만든 단어다. 따라서 비트는 2진 숫자다.

사람들은 비트를 다루는 여러 가지 방법을 만들어냈다. 비트가 길게 늘어선 경우, 이런 배열을 가리키는 비트스트링bitstring이라는 단어가 있다.

몇 가지 용어는 꼭 기억해두자. 8비트는 바이트byte라고 부른다. 왜 이런 이름이 붙었을까? 이 단어는 'bit'와 혼동하지 않기 위해 'bite'라는 단어의 철자를 일부러 바꾸었다.

기가, 메가, 킬로 등 미터법에서 사용하는 용어가 바이트 앞에 붙어 있는 것을 발견한 분도 있을 것이다. 킬로는 1000을 뜻하는 단위로, 킬로미터라고 하면 1000미터를 뜻한다. 킬로바이트

kilobyte는 1000바이트를 뜻한다. 메가는 1000000 즉, 10^6(10의 6제곱)을 뜻한다. 따라서 메가바이트megabyte는 100만 바이트를 뜻한다. 비슷하게 기가바이트gigabyte 10억 바이트, 즉 10^9바이트를 뜻한다. 컴퓨터에서는 2를 밑으로 사용하기 때문에, 10의 거듭제곱에 가장 가까운 2의 거듭제곱을 사용하기도 한다. 그래서 경우에 따라 약간의 차이가 있을 수 있다. 예를 들어 컴퓨터에서 메가바이트는 2^{20}바이트, 즉 1048576바이트를 뜻한다. 이 값은 100만에 가깝다.*

포털사이트에 하나를 열면 내 컴퓨터는 520킬로바이트(kB) 또는 520×1000바이트, 즉 52만 바이트를 다운로드한다. 이 값은 416만 비트에 해당한다. 컴퓨터가 400만 개나 되는 1과 0을 그렇게 빠르게 외부에서 전달받을 수 있다는 사실이 놀랍다. 노래 한 곡을 다운로드한다면 몇(보통 2~3) 메가바이트가 될 것이다. 이 크기는 3×100만 바이트, 또는 3×800만 비트, 즉 2400만 비트로 노래를 표현할 수 있다는 뜻이다.

영화는 보통 1~2기가바이트GB 정도 된다. 1GB의 크기는 10억 바이트 또는 80억 비트다. 따라서 2GB 영화는 16억 개의 0과 1로 이루어진다. 놀랍지 않은가.

다른 곳에서도 이런 용어를 들을 수 있다. 바로 인터넷 속도이

---

* 전산에서는 특별히 언급하지 않으면 킬로는 1024, 메가는 1048576 등 2의 거듭제곱을 사용해 미터법 단위를 계산하기도 한다. 다만 하드디스크에서는 10진법으로 용량을 표시하는 관행이 있다. 그래서 1테라바이트TB 디스크의 실제 용량은 2^{40}바이트가 아니라 10^{12}이다.

기가바이트를 비트로 변환하기

여러분의 컴퓨터에 얼마나 많은 데이터를 저장할 수 있을까? 내가 사용 중인 컴퓨터의 저장장치 용량은 500GB이다. 500GB는 몇 비트 일까?

fast.com에 들어가서 여러분의 인터넷 속도를 측정해보자. 초당 몇 비트인가?

다. 다른 경우에는 바이트, 또는 메가바이트나 기가바이트를 주로 사용하지만, 인터넷 속도를 언급할 때는 비트(메가비트나 기가비트)를 주로 사용한다. '바이트'라는 말을 대신해 대문자 B를 사용한다. 따라서 GB는 '기가바이트'를 뜻한다. 하지만 '비트'는 소문자 b로 줄여 쓴다. 그래서 '메가비트'는 Mb라고 쓴다. 내가 사용 중인 인터넷의 속도를 테스트한 결과 다운로드 속도는 68Mbps(초당 메가비트), 업로드 속도는 34Mbps가 나왔다.

좋다. 이제 이 속도 값이 어떤 뜻인지 알아보자. 68Mbps 다운로드 속도라는 말은 1초당 6800만 비트를 인터넷에서 내 컴퓨터로 받아올 수 있다는 뜻이다. 그리고 내 컴퓨터에서 1초당 3400만 비트를 인터넷으로 내보낼 수 있다. 이 말은 바이트로 계산한 내 다운로드 속도가 초당 850만 바이트라는 뜻이다(1바이트가 8비트이므로 68을 8로 나누면 된다). 따라서 나는 매초마다 노래 서너 곡을 다운로드할 수 있다.

| 이미지와 픽셀 |

컴퓨터에서 이미지와 비디오는 어떻게 작동할까? 이를 이해하려면 컴퓨터과학에서 반복적으로 나타나는 원칙, 즉 문제를 더 작은 문제로 잘게 나누고(이를 문제 분해problem decomposition라고 한다) 추상화하라는 원칙을 사용해야 한다.

컬러링북을 한번 떠올려보자. 1번은 분홍색, 2번은 파란색을 표현한다. 1에는 분홍색을, 2에는 파란색을 칠하는 방식으로 그림 전체를 색칠하면 된다. 번호대로 칠했더니 새가 나왔다.

컬러링북에는 외형적 제약이 거의 없다. 여러분이 칠하는 분할된 영역은 정해지지 않은 모양이나 곡면으로 이루어져 있다. 이에 대해 각 그림 조각이 작은 정사각형 모양으로만 이루어져야 한다고 작은 제약을 주면 어떨까? 이렇게 하면 컬러링북은 모눈종이와 비슷해진다. 여우 이미지에서 1은 검은색, 2는 주황색, 3은 파란색이다. 하지만 이 컬러링북을 이루는 요소는 모두 작은 정사각형이다.

모든 정사각형을 채워넣으면 멋진 여우가 나온다. 차이는 정사각형만 허용한다는 제약을 가함으로써 좀 더 광범위하게 활용할 수 있는 방식이 됐다는 점에 있다. 컴퓨터에서 이미지를 처리하는 방식도 이와 똑같다. 여기서 각각의 작은 정사각형을 픽셀pixel이라고 한다.

픽셀이라는 단어는 그림picture과 원소element를 합한 단어다. 따라서 픽셀은 그림을 만들어내는 원소다. 픽셀은 디지털 이미지

1 분홍색   4 짙은 녹색   7 주황색

2 파란색   5 녹색   8 갈색

3 연한 파란색   6 노란색   9 빨간색

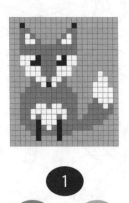 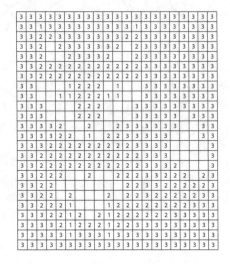

를 만드는 가장 작은 원소다. 이를 어떤 이미지 하나하나의 색 점을 뜻한다고 생각할 수도 있다.

JPG나 PNG 등의 이미지 파일이 있다면 한번 확대해보자. 확대하기 전에는 이미지가 일반적인 이미지처럼 보인다. 그림이 작은 점으로 이루어졌을 것 같지는 않아 보인다. 하지만 이미지를 더욱더 확대하면 실제로 조금 전에 봤던 컬러링북 예제처럼 생겼음을 알 수 있다.

다음 페이지의 1번 이미지는 인도네시아 발리를 찍은 사진이다. 더 크게 확대하면 실제 이미지를 이루는 점이 보인다. 이로써 이 이미지가 '픽셀화'되어 있음을 알 수 있다.

확대를 계속하다 보면 2번과 같은 이미지를 볼 수 있다.

이 이미지를 보면 앞에서 본 색칠하기 예제처럼 이미지가 단순히 점(또는 정사각형)의 집합이라는 것을 알 수 있다. 디지털 이미지는 그냥 픽셀을 모아둔 것일 뿐이다.

⟶ **실전 연습**

확대해서 픽셀 살펴보기

컴퓨터에서 이미지를 하나 골라보자. 인터넷에 있는 이미지라면 다운로드해보자. 이제 선택한 이미지를 개별 픽셀이 보일 때까지 확대해보자. 맥에서는 이미지를 프리뷰Preview 앱으로 연 다음, '뷰View' 메뉴의 '확대하기Zoom in'를 선택하거나, 키보드에서 커맨드와 +키를 동시에 누르면 된다.

| 픽셀이란 무엇인가 |

이미지는 픽셀로 이루어진 격자이고, 픽셀은 색이 있는 점이다. 디지털 이미지가 손으로 그린 이미지에 비해 멋진 점은 훨씬 더 많은 색을 사용할 수 있다는 점이다.

어떻게 색을 만들어낼까? 어떻게 점, 즉 픽셀의 색을 지정할 수 있을까? 빨간색, 녹색, 파란색을 지정함으로써 픽셀 색을 지정할 수 있다. 이유는 빨간색, 녹색, 파란색이 빛의 삼원색이기 때문이다. 빛의 삼원색이라는 말은 이 세 가지 색을 여러 가지 비율로 조합하면서 원하는 색을 만들어낼 수 있다는 뜻이다.

이제 빨간색 픽셀이 필요하다고 하자. 어떻게 빨간 픽셀을 얻을 수 있을까? 빨간색으로만 이뤄진 픽셀이 필요하다는 말은 빨간색 요소는 최대한 많이 필요하지만 녹색이나 파란색은 필요하지 않다는 뜻이다.

빨간색 요소의 양을 0부터 255 사이의 값(256가지 선택지)으로 표현할 수 있다. 왜 256가지일까? 256이 2^8(2의 8제곱)이기 때문이다. 이 말은 빨간색의 강도를 8비트, 즉 1바이트를 사용해 지정할 수 있다는 뜻이다! 앞으로 255나 256이라는 수를 자주 볼 것이다. 코드에서는 숫자를 보통 0부터 세기 시작하기 때문에 256가지를 셀 때도 0부터 255까지의 256가지 숫자로 표현한다.

완전한 빨간색을 얻으려면 빨간색은 255로 지정하고, 파란색과 녹색을 0으로 지정해야 한다.

실제로 이런 방법을 통해 빨간색 픽셀을 얻는다. 색을 표현할 때는 밑이 16인 16진수hexadecimal를 사용하는 경우가 많다(16진수를 영어로 짧게 Hex라고 쓰기도 한다). 0은 16진수로도 여전히 0이지만, 255는 FF다. 따라서 빨간색 픽셀을 다음과 같이 쓸 수 있다.

```
#FF0000
```

색을 탐험해보기 위해 해볼 수 있는 한 가지는 다양한 이미지 편집 프로그램이나 웹브라우저에 있는 '점안기eyedropper' 도구를 사용하는 것이다. 포토샵이나 일러스트레이터를 사용한다면 점안기 도구(스포이트 모양의 아이콘)를 클릭 후, 화면에서 원하는 색을 선택해보자. 점안기가 여러분이 선택한 색을 현재 색으로 지정해준다. 그리고 색 팔레트에서 해당 색을 클릭하면 색의 각 요소와 16진 값을 볼 수 있다.

···▷ **실전 연습**

16진 색 탐험

모든 색을 여섯 글자짜리 16진 숫자로 표현할 수 있다. #f2a84b는 주황색 계열의 색이며, 빨간색, 녹색, 파란색 요소는 [242, 168, 75]이다. readwritecodebook.com에서 이 색을 시험해볼 수 있다(페이지에서 'Exploring Hexadecimal colors'를 선택하라).

노란색 픽셀이 필요하다. 어떻게 노란색을 얻을 수 있을까? 빨간색과 녹색을 섞으면 노란색을 얻을 수 있다. 여기서는 우리가 빛의 색을 섞고 있다는 사실을 기억해야 한다. 물감의 색을 섞는 경우는 이와 다르다.

빨간색과 녹색을 같은 비율로 섞고 파란색을 제외하기 위해 빨간색 255, 녹색 255, 파란색 0이라는 값을 지정한다.

이를 다음과 같이 표현할 수 있다.

노란색 = (255, 255, 0)

16진수로는 다음과 같다.

노란색 = #FFFF00

조금 복잡하지만 웹브라우저에서도 이를 볼 수 있다. 마우스를 오른쪽 클릭해 '검사Inspect'를 선택하면 뜨는 개발도구DevTool 창에서 맨 왼쪽 위의 검사 아이콘을 클릭 후 웹페이지 요소 중에 여러분이 원하는 색을 가진 요소를 클릭해 선택해보자. 개발도구의 스타일Styles 부분에 보면 해당 요소의 스타일 요소가 표시되며, 그중에 색이 표시된 작은 정사각 상자가 보일 것이다(보통 'color'라는 텍스트 다음에 정사각형 상자와 색 코드가 함께 표시된다). 이 정사각형을 클릭하면 색 선택기color picker가 보이는데 여기서 16진 색 코드를 볼 수 있다.

| 인코딩 |

컴퓨터에서 색을 표현하는 방식(한 픽셀은 빨간색, 녹색, 파란색 구성요소로 이뤄지고, 여섯 자리 16진 숫자로 표시할 수 있으며, 실제로는 24비트 2진수로 표현할 수 있음)은 인코딩이라는 과정의 한가지 예다. 인코딩은 어떤 데이터를 다른 형식으로 표현하는 방법을 말한다. 색, 수, 글자 등 거의 대부분을 인코딩할 수 있다.

컴퓨터가 작동되는 방식이 바로 인코딩이다. 맨 밑바닥에서 컴퓨터는 모든 것을 0과 1로 표현한다. 하지만 1과 0을 여러 다양한 방식으로 조합할 수 있다. 대부분 가장 먼저 0과 1을 사용해 수를 표현한다. 그 후 이런 수를 사용해 색을 표현할 수 있다. 또는, 수를 사용해 글자나 단어를 만들 수 있다.

색의 인코딩 과정은 다음과 같다.

색 ▶ 빨간색, 녹색, 파란색 요소 ▶ RGB 16진 값 ▶ 2진 숫자열

이 과정의 각 단계에서 정보(색깔)는 동일하지만 표현이 달라진다. 다음 표의 값을 살펴보라. 모든 값이 같은 것을 표현한다.

색	빨간색
10진 RGB	(255, 0, 0)
16진 RGB	#FF0000
2진 RGB	11111111 00000000 00000000

이미지를 인코딩한다고 하자. 이미지에서 2진 데이터를 얻는 경로는 다음과 같다.

이미지 ▶ 픽셀로 이뤄진 격자나 목록 ▶ 빨간색, 녹색, 파란색 요소 ▶

RGB 16진 값 ▶ 2진 데이터

| 문자와 문자열: 컴퓨터는 어떻게 단어를 만들어낼까 |

지금까지 비트로 수를 표현하는 방법이나 비트로 색과 이미지를 표현하는 방법에 대해 살펴봤다. 이제 비트로 단어를 표현하는 방법에 대해 살펴보자.

단어를 표현하는 방법을 살펴보기 전에, 중간 단계로 비트로 글자를 표현하는 방법을 알아봐야 한다. 코딩 용어로는 글자를 문자character라고 부른다. 언어에 따라 문자 표현도 달라지지만, 단순히 문자를 표현하기 위해서도 놀라울 정도로 복잡한 방법이 필요하다는 점은 같다.

영어의 경우 글자는 모두 26개다. 그러나 대문자와 소문자가 다르기 때문에 표현해야 하는 글자는 52가지다.

컴퓨터에서는 모든 정보를 0과 1의 조합으로 저장해야 한다는 점을 감안해, 문자와 단어를 다음과 같이 표현하면 어떨까?

2진수 즉, 1과 0부터 시작한다. 그리고 수의 목록을 생성한다. 심지어는 이런 수 목록을 10진수로 생각할 수도 있다. 각각의 수마다 글자를 하나씩 표현하도록 한다면 어떨까? 우리가 사용하는 인코딩 시스템인 ASCII(아스키) 문자 인코딩이 바로 이런 식으로 동작한다.

단어를 표현하기 위해서는 각 글자를 표현하는 정보를 서로 나란히 배치한다.

A, B, C, D라는 네 가지 문자로만 이루어진 알파벳이 있다고 가정하자.

이 언어를 2비트를 사용해 표현해보자. 2비트를 사용하는 이유는 2^2(밑이 2인 2진수를 사용하고 비트 수가 2비트이므로 2의 2제곱을 사용함) = 4, 즉 네 글자를 표현할 수 있기 때문이다.

인코딩	문자
00	A
01	B
10	C
11	D

이제는 우리가 표현할 언어에 대한 인코딩 표가 생겼다! 다음은 어떤 문자일까?

10

이 문자는 C다. 다음 단어는 무엇일까?

100001

문자는 2비트로 표현하므로, 이를 2비트 단위로 잘라낼 수 있다.

```
10 00 01
```

표에서 각 패턴을 찾아보면 다음과 같은 단어를 얻을 수 있다.

```
C A B
```

이 예제는 컴퓨터가 문자와 단어를 만들어내는 방법을 잘 정리해 보여준다. 이때 비트 패턴을 보고 문자를 구분하기 위해서는 문자마다 고유한 2진 인코딩된 비트 패턴이 있어야 한다.

| 아스키 표 |

아스키 인코딩은 영문 텍스트나 문자, 문자열을 표현하는 표준 인코딩이다. ASCII(아스키)는 정보교환을 위한 미국 표준코드American Standard Code for Information Interchange를 줄인 말이다. 55쪽 표에서 아스키 인코딩을 볼 수 있다.

표의 왼쪽에는 수(밑이 10)가 있고 오른쪽에는 문자가 있다. 여기서 대문자 A의 아스키코드가 65임을 알 수 있다. 소문자 f를 인코딩한 수는 무엇일까? 102다. 영어 대문자가 65부터 90까지, 소문자가 97부터 122까지 배치된 것을 볼 수 있다.

아스키 인코딩

0	NUL	16	DLE	32	SPC	48	0	64	@	80	P	96	`	112	p
1	SOH	17	DC1	33	!	49	1	65	A	81	Q	97	a	113	q
2	STX	18	DC2	34	"	50	2	66	B	82	R	98	b	114	r
3	ETX	19	DC3	35	#	51	3	67	C	83	S	99	c	115	s
4	EOT	20	DC4	36	$	52	4	68	D	84	T	100	d	116	t
5	ENQ	21	NAK	37	%	53	5	69	E	85	U	101	e	117	u
6	ACK	22	SYN	38	&	54	6	70	F	86	V	102	f	118	v
7	BEL	23	ETB	39	'	55	7	71	G	87	W	103	g	119	w
8	BS	24	CAN	40	(	56	8	72	H	88	X	104	h	120	x
9	HT	25	EM	41	)	57	9	73	I	89	Y	105	i	121	y
10	LF	26	SUB	42	*	58	:	74	J	90	Z	106	j	122	z
11	VT	27	ESC	43	+	59	;	75	K	91	[	107	k	123	{
12	FF	28	FS	44	,	60	<	76	L	92	₩	108	l	124	|
13	CR	29	GS	45	-	61	=	77	M	93	]	109	m	125	}
14	SO	30	RS	46	.	62	>	78	N	94	<	110	n	126	~
15	SI	31	US	47	/	63	?	79	O	95	-	111	o	127	DEL

10진수	16진수	2진수	아스키
97	61	01100001	a
98	62	01100010	b
99	63	01100011	c
100	64	01100100	d
101	65	01100101	e
102	66	01100110	f
103	67	01100111	g
104	68	01101000	h
105	69	01101001	I
106	6A	01101010	j
107	6B	01101011	k
108	6C	01101100	l

다음과 같은 수가 있다고 하자.

72 69 89

이 숫자들은 어떤 단어를 의미할까?

위의 표는 아스키코드 가운데 일부이며, 코드에 해당하는 문자와 2진, 16진 코드를 함께 보여준다.

이 표의 각 행에서 같은 대상을 여러가지 방식으로 표현하고 있음을 알 수 있다. 예를 들어 10진수 103은 16진수 67과 같고, 2진수로 01100111과 같으며, 아스키에서 g와 같다.

아스키가 많이 알려진 인코딩이기는 하지만, 2진수로 문자와 문자열을 표현할 수 있는 다양한 인코딩 방법 가운데 하나일 뿐이다. 아스키는 영어 문자만 처리할 수 있다는 치명적인 단점이 있다. 다른 언어나 이모티콘 같은 그림 문자를 표현할 수는 없다는 말이다.

⤑ **실전 연습**

미스터리 단어

다음과 같은 비트 열이 있다.

```
01100010 01100101 01101100 01101100
```

어떤 단어일까? 표에서 2진 코드를 찾아 검색해보자.

정답 bell

| **컴퓨터는 이모지를 어떻게 표현할까** |

아스키 인코딩은 기본적인 영문자만 표현할 수 있다. 다른 수 많은 언어로 이루어진 문자를 표현하고 싶다면 어떻게 해야 할까? 다른 인코딩 시스템이 필요하다. 여러 언어로 작성된 텍스트를 인코딩하기 위한 표준 인코딩 시스템은 유니코드Unicode다. 최신 유니코드(버전 13.0)는 154가지 다른 언어(문자 집합이라고 부름), 14만 3859개의 문자를 표현할 수 있다. 따라서 유니코드는

아스키보다 훨씬 더 거대하다. 유니코드에는 여러 인코딩 방식을 포함하는 표준이다. 이 표준에 속한 인코딩 방식에는 UTF-8이나 UTF-16 등이 있다. UTF-8은 웹에서 주로 사용되는 인코딩 방식이다. 웹사이트의 90퍼센트가 이 인코딩을 사용한다.

한 가지 흥미로운 점은 UTF-8 인코딩 표의 맨 앞부분은 아스키 표와 같다는 점이다. 따라서 아스키로 표현할 수 있는 문자로만 이뤄진 웹사이트의 경우, 아스키와 UTF-8 인코딩이 서로 호환된다.

이 책의 웹사이트(readwritecodebook.com) 2장을 보면 코드포인트code point에 따라 유니코드 문자를 살펴보거나 UTF-8 문자 지도를 볼 수 있다. 여기서 1F300을 검색해보면 내가 개인적으로 가장 좋아하는 회오리 이모지를 볼 수 있다(정식 명칭은 사이클론이다).

잠깐, 여기서 어떻게 컴퓨터가 이모지를 표현하는지 궁금해지지 않는가? 그렇다. 인코딩이 필요하다. 이때 사용할 인코딩 방법은 유니코드이며, 유니코드 인코딩을 구현하는 유명한 방법으로는 UTF-8이 있다. 유니코드에는 '코드포인트'라는 개념이 있다. 코드포인트는 문자라는 추상적인 개념과 문자를 표현하는 수 사이에 있는 중간 계층이다. 코드포인트가 문자를 숫자로 표현하기 위한 표준 매핑이 되어야 하는 이유는 숫자를 2진수로 표현하는 방식이 다양하기 때문이다.

UTF-8은 8~32비트(단, 8의 배수)를 사용해 코드포인트를 표현하는 인코딩 방법이며, UTF-16은 16비트(일부 문자는 32비트)

를 사용해 코드포인트를 표현하는 다른 인코딩 방법이다.

컴퓨터에서 이모지를 저장하는 방법은 다음과 같다.

이모지는 여전히 1과 0으로 이뤄진 2진 데이터지만, 이를 해석하는 과정에서 몇 가지 방법이 존재한다.

일반적인 스마일 이모지에 해당하는 코드포인트는 U+1F600이다. UTF-8로 이 코드포인트를 표현한 16진 값은 f09f9880이며, 4바이트다. 다음 표에서 여러 표현 방식을 살펴보자.

형식	값
이모지	😃
코드포인트	U+1F600
(UTF-8로 인코딩한)16진수	f0 9f 98 80
(UTF-8로 인코딩한)2진수	11110000 10011111 10011000 10000000

브라우저	애플	구글	페이스북	MS 윈도우	트위터
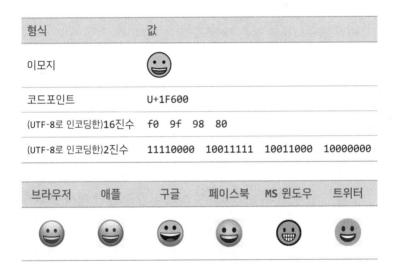

브라우저에 따라 이모지 표현이 달라진다는 사실을 알 수 있다. 마치 'A'라는 문자가 있을 때 사용 중인 글자체 등 여러 요소에

따라 표시가 달라지는 것과 비슷하다.

그렇다면 컴퓨터는 어떻게 이모지를 저장할까? 어떤 점에서 이 과정은 복잡하며, 다양한 추상화와 인코딩 시스템이 관련되어 있다. 다른 관점에서 살펴보면 이 과정은 단순하다. 그냥 모두 0과 1로 이뤄진 2진수일 뿐이며, 이런 1과 0으로 이뤄진 2진수를 해석해서 이모지로 연관시켜주는 어떤 방법이 있을 뿐이다.

｜ 비트는 같아도 의미는 다르다 ｜

여러 다른 인코딩 방식이 존재함으로 인해 같은 비트 열이 완전히 다른 것을 뜻할 수 있다. 비트들을 해석하는 방법이 중요하다. 여러분이 아래와 같은 8비트를 봤다고 하자.

```
01101011
```

이 값이 어떤 뜻일까? 숫자일까? 문자일까? 색을 표현하는 내용 중 일부분일까? 맥락을 모른다면 이 비트들의 의미를 알 수 있는 방법이 전혀 없다. 이 8비트는 실제로 방금 말한 대상 모두가 될 수 있다.

이게 인코딩이라는 아이디어가 단순하면서도 강력한 이유다. 2진 데이터를 만들고, 저장하고, 변경하고, 공유할 방법이 있으면 원하는 무엇이든 할 수 있다! 여러분에게 필요한 것은 생각을 2진수로 표현할 수 있는 방법을 만들어내는 것뿐이다. 그리고 2진수로 이런 일을 하는 게 약간 번거로울 수 있기에 이미 존재하는 추상화와 인코딩을 활용할 수도 있다.

앞에서 본 8비트 2진수를 살펴보자.

```
01101011
```

과연 이 2진수는 어떤 뜻일까?

인코딩	값
2진수	01101011
10진수	107
16진수	6B
아스키	k

그렇다. 이 2진수는 어떤 구체적인 대상을 의미하지 않는다. 그리고 인코딩을 알지 못하면 이 2진수는 정말로 아무 의미도 없다. 그리고 인코딩을 잘못 알면 어떤 데이터를 본래 의미와 다르게 해석할 수도 있다. 어떤 2진 데이터를 보고 색깔이라고 생각했는데, 실제로는 텍스트였다면? 이런 데이터를 이미지 파일에서 얻었는데, 텍스트 편집기에서 열지 말라는 법도 없다. 실제로는… 한번 해보라! (맥에서는 텍스트 편집기TextEdit를 사용하면 된다. 파일을 텍스트 편집기 안으로 드래그하거나, 파일을 오른쪽 클릭하고 '다음으로 열기Open With'를 선택하라). 어떤 일이 벌어지는지 살펴보자. 화

면에 의미 없는 문자들이 표시되는 모습을 볼 수 있다. 이유는 우리가 이미지를 텍스트 파일로 해석했기 때문이다.

| 부동소수점 수 |

지금까지 수, 글자, 이미지를 살펴봤다. 그렇다면 소수는 어떻게 표현할 수 있을까? 가장 간단한 부동소수점 수floating-point number*는 컴퓨터가 소수점 이하 숫자들이 포함된 수를 표현하는 방법이다. 예를 들어 5.18이라는 수를 표현하고 싶다고 하자. 이 수는 정수가 아니다. 그렇다면 이 수를 어떻게 저장할 수 있을까? 여기서는 다른 인코딩 방법이 필요하다.

과학기술표기법에 익숙한 독자라면 3180을 3.18×10^3이라고 쓸 수 있을 것이다. 과학기술표기법에서는 어떤 수를 10의 거듭제곱으로 곱한다. 3.18을 1000으로 곱하면 3180을 얻는다.

이제 자바스크립트 콘솔에서 다음을 입력해보자.

```
0.1 + 0.2
```

여러분의 예상과 달리 결과는 0.3이 아니라 다음과 같다.

---

*   뒤에 곱해지는 2의 거듭제곱 수에 따라 소수점 위치가 고정되어 있지 않고 움직이기 때문에 부동소수점 수라고 부른다(부동소수점의 부동은 움직이지 않는다는 뜻이 아니라 떠서 움직인다는 뜻이다). 반면, 항상 소수점 위치가 고정되어 있는 경우(1.1, 10111.11011처럼 소수로 된 수 뒤에 별도의 2의 거듭제곱 수가 곱해지지 않음)는 고정소수점fixed point 수라고 한다.

0.30000000000000004

도대체 이런 일이 왜 벌어진 걸까? 컴퓨터가 0.1과 0.2를 더하는 것처럼 간단한 일은 처리하지 못하는 걸까? 여기서 0.1과 0.2는 정수가 아니므로 소수 형식으로 바꿔줘야 한다. (2진수로는) 부동소수점 수를 통해 소수를 표현하는데 부동소수점 수는 정확한 값을 표현하지 못하는 경우가 있다. 앞의 예제에서 덧셈의 오류는 실제로는 컴퓨터가 부동소수점 수를 표현하는 방법으로 인해 생기는 오류다. 컴퓨터는 초기 숫자(유효숫자)에 2의 거듭제곱을 곱하는 방식으로 부동소수점 수를 표현한다.

0.1(10진수)을 2진수로 표현하면 →

0.00011001100110011010

0.2(10진수)를 2진수로 표현하면 →

0.00110011001100110011

이 두 2진수를 더하면 0.0100110011001101을 얻는다. 이 값은 정확히 0.3이 아니며, 그보다 약간 더 큰 수다. 이런 오차가 생기는 이유는 0.1(10진수)를 2진수로 변환할 때 정밀도가 떨어지기 때문이다.[**] 유효숫자에 사용할 수 있는 2진 숫자 개수에 한계가 있기 때문이다.

1/10＋2/10이라는 분수 계산을 표현할 수 있는 다른 방법도 있지만, 프로그래밍 언어마다 서로 다르게 분수를 처리한다.

│ 참 또는 거짓: 불리언이란? │

컴퓨터의 기초가 되는 요소로 불리언boolean, 즉 참과 거짓 값이 있다. 하드웨어와 소프트웨어 수준에서 불리언을 표현할 수 있다. 하드웨어 수준에서는 트랜지스터로 불리언을 표현한다. 소프트웨어에서는 참이나 거짓이 불리언이다. 더 추상적으로 말하면, 불리언은 꺼짐이나 켜짐 또는 1이나 0이다. 이들은 모두 같은 아이디어를 표현하며 비트, 즉 2진수의 토대가 되는 아이디어이기도 하다. 그리고 참/거짓, 1/0, 켜짐/꺼짐, 비트에서 모든 디지털 정보를 만들어낼 수 있다. 앞으로 비트 하나 혹은 여러 비트를 사용해 어떻게 여러 수를 표현할 수 있는지 보게 될 것이다. 그렇다. 간단히 말해 불리언 값은 참이나 거짓을 표현하는 값이다.

자바스크립트에서 불리언 값을 만들고 싶다면, 다음과 같이 작성할 수 있다.

```
var solvedPuzzle = false;
```

이 코드는 사용자가 퍼즐을 풀었는지 여부를 저장한다. 지금이 코드는 아직 사용자가 퍼즐을 풀지 않았기 때문에 '거짓false'

** 2진 소수로 유한한 자릿수로 표현할 수 있는 수는 모두 2의 거듭제곱으로 나누어떨어질 수 있는 수들이고, 10진 소수로 유한한 자릿수로 표현할 수 있는 수는 모두 2와 5의 거듭제곱들로 나누어떨어질 수 있는 수들이다. 0.1은 기약 분수의 곱으로 표현하면 1/2×1/5라서 2의 거듭제곱으로 나누어떨어지지 않기 때문에 2진수로 무한소수가 된다.

이라고 기술한다. 이 값을 참으로 바꾸려면 어떻게 해야 할까.

```
solvedPuzzle = true;
```

이 코드는 사용자가 퍼즐을 풀었다는 뜻이다. C++과 같은 언어에서는 변수의 타입을 분명히 해야 한다. 따라서 다음과 같이 작성해야 한다.

```
bool solvedPuzzle = false;
```

이 코드는 기술된 내용이 '참true'이나 '거짓'이 될 수 있는 변수라는 사실과 현재 저장된 값은 거짓이라는 내용을 담고 있다.

(**IT 인물 사전**)

불리언은 영국 수학자이자 논리학자인 조지 불George Boole의 이름에서 유래했다. 불은 1847년『논리에 대한 수학적 분석』이라는 책에서 불리언 아이디어를 처음 제시했다.

| 불리언 논리 |

연산에서 불리언은 단순하면서도 근본적인 기본 단위이다. 불리언 사용 중 상당 부분은 불리언을 서로 조합하는 방법을 찾아내는 것으로 이루어진다. 불리언 논리가 불린 값을 조합하도록 해주는데 이 논리의 시작점은 논리연산자다.

알아야 할 첫 번째 논리연산자는 AND이다. 많은 프로그램이 언어에서 앰퍼샌드& 두 개를 사용해 &&로 AND 연산을 표현한다. (주의! 언어에 따라 연산자를 다른 방식으로 표현하기도 한다.) AND를 사용한 불리언식은 양변의 식이 모두 참일 때만 참이다.

```
canVote = over18 and hasRegistered
```

이 불리언식은 18세 이상인 동시에 선거인 명부에 등록이 되어야만 투표를 할 수 있다는 뜻이다.* 둘 중 한쪽에만 해당하는 경우, 전체 식은 거짓이 된다. 졸업 요건을 확인하는 식을 원한다면 다음과 같이 쓸 수 있다.

```
canGraduate = hasEnoughCredits and metRequirements
```

다음 논리연산자는 OR이다. 여러 프로그래밍 언어에서 파이프| 두 개를 사용해 OR을 표현한다(||). OR식이 참이 되려면 양변의 식 중 어느 한쪽만 참이면 된다.

```
shouldDrive = lightIsGreen or lightIsYellow
```

※　　한국은 주민등록을 통해 온 국민을 전산관리하고 있어 선거관리위원회에도 자동으로 투표권이 있는 국민이 등록되지만, 영국, 호주 등의 국가에서는 선거권이 있는 본인이 직접 선관위에 자기 자신을 등록해야 한다.

교차로에 진입해도 되는지 판단하는 수식을 작성한다고 하자. 교차로에 접근할 때는 신호가 초록색이거나, 또는 신호가 주황색일 때 계속 진행해야 한다. 계속 진행하려면 이 조건 중 어느 하나라도 참이면 된다.

다음으로 알아야 할 연산자는 NOT이다. 여러 프로그래밍 언어에서 느낌표!로 NOT을 표현한다. NOT을 표현하는 방식은 프로그래밍 언어마다 다르기에 그 수가 아주 다양하다.

다음은 전등이 켜졌는지 표현하는 예제다.

```
lightOn = true;
```

이제 전등을 끄거나, 즉 참과 거짓 사이를 왔다갔다toggle하려면 다음과 같이 쓸 수 있다.

```
lightOn = !lightOn;
```

이 코드가 의미하는 바는 불리언 변수인 lightOn이 새로운 값을 얻는데, 이 새로운 값은 기존의 lightOn 값의 반대값이라는 뜻이다. 따라서 이전에 참이었다면 이제는 거짓이 된다. 앞의 교차로 접근 예제의 경우 코드를 다음과 같이 작성할 수도 있다.

```
shouldDrive = !lightIsRed
```

이 코드는 신호등이 빨간색이 아닐 때 shouldDrive가 참이라는 뜻이다. 또는 신호등이 빨간색이면 shouldDrive가 거짓이며 교차로에 진입해서는 안 된다는 뜻이다.

| 진리표와 불리언 조합하기 |

진리표truth table는 불리언식 각 부분의 참 거짓을 바탕으로 전체 불리언식 결괏값을 보여주는 표를 말한다. 이 표는 여러분이 불리언식을 참이나 거짓으로 만들기 위해 각 부분의 값을 어떻게 만들어야 하는지 찾아내고 싶으면 이 표를 채워 넣음으로써 할 수 있다는 뜻이다. 다음 예제로 논리 NOT 연산자의 진리표를 작성한다고 가정해보자.

p	!p
T	F
F	T

이 표의 뜻인 p가 참이면 'p가 아님'(또는 논리식으로 !p나 ¬p)은 거짓이라는 뜻이다. 그리고 p가 거짓이면 'p가 아님'은 참이다. 따라서 진리표가 더 쉽게 논리식의 값 관계를 보여준다.

다음은 AND의 진리표다. AND로 연결된 식은 양변이 모두 참일 때만 참이다.

p	q	p&&q
T	T	T
T	F	F
F	T	F
F	F	F

이제 p가 T이고 q가 T인 행을 찾으면 p&&q가 참임을 알 수 있다. 다른 모든 조합은 거짓이다! 다음은 논리 OR의 진리표다.

p	q	p||q
T	T	T
T	F	T
F	T	T
F	F	F

OR은 네 가지 경우 중 세 경우 참이라는 사실을 알 수 있다. p나 q 중 하나만 참이면 된다.

이제 이들을 조합하면 더 복잡한 진리표가 생긴다. (다른 논리 연산자도 있지만 AND, OR, NOT만 사용할 것이다.*)

* 실제로는 AND와 NOT, 또는 OR과 NOT만 있으면 모든 논리연산을 기술할 수 있다. 더 나아가 NAND나 NOR이라는 연산을 사용하면 모든 논리연산을 한 가지 연산 자만으로 기술할 수도 있다. 이렇게 어떤 연산자 집합을 가지고 모든 경우를 표현할 수 있는 경우를 기능적 완전성functional completeness이라고 부른다. 집합식으로 표현하면 {NAND}, {NOR}, {NOT, AND}, {NOT, OR}은 모두 기능적으로 완전한 논리연산자 집 합들이다.

(x&&y)||z의 진리표는 어떤 모습일까? 표를 보면 알 수 있듯
표가 조금 더 복잡해진다. 이유는 2^(변수 개수)만큼 행이 늘어나
기 때문이다. 여기서는 x, y, z라는 세 변수가 있으므로 2^3 = 8개
의 행이 필요하다. 이유는 각 변수가 참이거나 거짓인 모든 경우
의 수를 고려해봐야 하기 때문이다(각 변수가 취할 수 있는 경우의 수
가 두 가지(T/F)이고 변수가 세 가지(x, y, z)이므로 모든 조합의 경
우의 수는 2^3 = 8이다).

x	y	z	x&&y	(x&&y)||z
T	T	T	T	T
T	F	T	F	T
F	T	T	F	T
F	F	T	F	T
T	T	F	T	T
T	F	F	F	F
F	T	F	F	F
F	F	F	F	F

| 트랜지스터 |

트랜지스터는 오늘날 우리가 아는 것 같은 컴퓨터가 있게 한 하
드웨어다. 트랜지스터는 컴퓨터에서 '켜짐'과 '꺼짐'이나 1과 0을
표현할 수 있는 스위치라고 할 수 있다. 컴퓨터 메모리칩에는 수
십억 개의 트랜지스터가 들어 있고, 각각의 트랜지스터는 '켜짐'

과 '꺼짐'이나 1과 0을 저장하며, 이런 트랜지스터들이 실제 컴퓨터에서 정보를 저장하는 부분이다.

트랜지스터는 실리콘으로 만들어진다. 미국의 기술 중심지 실리콘밸리의 이름도 여기서 비롯됐다. 트랜지스터는 1947년 벨 연구소의 존 바딘, 월터 브래튼, 윌리엄 쇼클리가 발명했다. 이들은 발명의 공로로 1956년 노벨물리학상을 수상했다.

여러분의 컴퓨터에서는 트랜지스터가 실제 1과 0을 저장한다. 그리고 논리 AND, OR, NOT은 모두 트랜지스터를 회로에 조합해 구성된다. 따라서 트랜지스터는 여러분의 하드웨어를 코드상의 논리나 소프트웨어로 연결해주는 역할을 한다.

| 컴퓨터를 구성하는 부품 |

어떤 부품이 모여 컴퓨터를 만들까? 수많은 부품이 있지만 그중에 꼭 기억해야 할 것은 다음과 같다.

여러분 중에는 입력과 출력장치라는 말을 들어본 사람도 있을 것이다. 입력과 출력은 다른 말로 I/O라고도 하며, 컴퓨터와 컴퓨터 밖의 세계를 연결해준다. 입력은 정보를 시스템으로 가져오며 출력은 정보를 다시 세계로 내보낸다. 입력장치에는 키보드, 마우스 등이 있다. 출력장치로는 어떤 일이 벌어지는지 시각적으로 볼 수 있는 모니터나 소리를 내주는 스피커 등이 있다.

저장장치는 데이터를 장기 보관할 때 쓰인다. 사진이 1000장 있는 앨범이 있는데 이를 컴퓨터에 저장하고 싶다고 가정하자.

이런 정보를 저장장치에 저장한다. 여러분이 사용하는 저장장치는 자기 디스크에 데이터를 저장하는 하드드라이브(hard drive 또는 hard disk drive, HDD)나 플래시메모리flash memory에 데이터를 저장하는 고체 상태 드라이브(solid state drive, SSD)일 것이다. 2020년 맥북 에어를 보면 256GB짜리 SSD가 탑재되어 있다. 만약 이 저장장치에 한 장에 3MB 정도 하는 사진을 가득 채운다면 8만 5000장을 저장할 수 있을 것이다.

컴퓨터의 메모리memory는 컴퓨터에서 즉시 사용하기 위해 데이터를 저장해두는 공간이다. 사람들이 '메모리'라고 말할 때는 보통 RAM(임의 접근 메모리, Random Access Memory)을 말한다. 여러분이 수학 문제를 풀 때 계산 결과나 중간값들을 종이에 쓴다면 이때 종이가 컴퓨터 메모리의 역할을 하는 것이다. 메모리에서는 각 위치를 주소(보통 16진수로 표시함)로 가리킨다. 그리고 메모리의 각 위치마다 2진수를 저장할 수 있다.

CPU 즉, 중앙처리장치Central Processing Unit는 컴퓨터의 두뇌이며 컴퓨터가 작동하게 하는 명령어를 실행해준다. CPU는 메모리에서 가져온 프로그램 명령어를 살펴보고 그 명령어를 실행한다. 예를 들어 두 수를 더해서 결과를 메모리의 특정 위치에 저장하라는 명령어가 있을 수 있다. 우리는 앞에서 이미 어셈블리 언어나 기계어에서 이런 명령어에 대해 살펴봤다.

마더보드motherboard는 다른 여러 컴퓨터 부품을 연결해주며 서로 통신할 수 있게 보장해주는 역할을 한다.

이외에도 더 많은 부품이 있지만 여기서 설명한 부품들이 컴퓨터의 주요 부품이라 할 수 있다.

| 2038년 버그 |

비트와 인코딩으로 돌아가보자. 여러분은 이제 Y2K를 이해할 수 있는 기본 지식을 갖췄다. Y2K 버그는 마치 아스키코드로 이모지를 표현하려는 것과 같은 이유로 생기는 버그다. 즉, 여러분이 저장하고 싶은 모든 내용을 표현하기에 충분한 공간이 없어서 생긴 문제다.

우리는 2000년에 Y2K 버그를 이겨냈지만, 기존 데이터 타입에서 생겨난 또 다른 제약이 다시 새로운 문제로 떠오르고 있다. 이제 여러분은 모든 것, 그림부터 색깔, 수에서 영화에 이르기까지 컴퓨터에서 1이나 0으로 변환된 디지털로 표현된다는 점을 안다. 하지만 각각의 인코딩 방식은 경계 부분에서(0이나 엄청나게 큰 수처럼 극단적인 값을 뜻함) 이상한 동작을 일으키고는 한다.

이런 이유들이 2038년 버그의 원인이 된다. 그렇다면 왜 하필 2038년일까? 시간을 표시하기 위해 1970년 1월 1일부터 몇 초가 흘렀는지를 정수로 표현하는 시스템이 대부분이다. 이런 시스템이 많아진 이유는 유닉스Unix 시간이라고도 하는 에포크 시간 Epoch time으로 시간을 저장하기 때문이다.

에포크 시간은 단순히 1970년 1월 1일 00:00:00 UTC(세계 협정시)부터 몇 초가 지났는지를 정수로 표현하는 방식이다. 이 값을 보통 32비트 부호가 있는 정수로 저장한다. 부호가 있다는 말은 음수와 양수를 표현할 수 있다는 뜻이다. 부호가 있기 때문에 (32비트 부호가 있는 저정수의) 최댓값은 $2^{31}-1$(숫자를 저장하는데 31비트를 쓰고 1비트는 음수나 양수를 표시하는 데 써야 한다)이다. 이수는 10진수로 2,147,483,647, 16진수로는 7FFF,FFFF, 2진수로는 01111111111111111111111111111111이다.

기수법	$2^{31}-1$
10진법	2,147,483,647
16진법	7FFF,FFFF
2진법	01111111111111111111111111111111

2038년 1월 19일 화요일 03:14:08 UTC는 유닉스 에포크 시작 시간에서 2,147,483,647초 이후이기 때문에, 32비트 버전의 시간은 더이상 제대로 작동하지 않는다. 그 이후에는 정수 오버플로overflow라는 문제가 발생한다. 정수 오버플로는 어떤 정수에 1(또는 다른 양의 정수)을 더했는데 더 큰 수가 나오는 대신 아주 작은(절대값이 큰) 음수가 나와서 날짜가 1900년대 초로 해석된다는 뜻이다. 정수 오버플로는 우리가 원하는 정수를 표현하기에 충분한 비트가 없어서 생기는 문제다. 이 현상은 Y2K 문제에서와 마찬가지 현상이다. Y2K는 연도를 표현하기에 충분한 숫자를 사용하지 않아서 생겼던 문제다.

2038년이 되면 어떤 일이 벌어질까? 이 문제를 피하기 위해 소프트웨어를 업그레이드해야 할까? 사람들이 이 문제를 해결하

기 위해 안 보이는 곳에서 열심히 일하고 있지는 않을까? 정확한
답은 시간이 지나야만 알 수 있을 것이다.

··▷ 실전 연습

몇 시일까?

내가 이 문장을 쓴 시각은 유닉스 시간으로 **1583507183**이다. 이 시
각이 몇 년 몇 월 며칠인지 알아낼 수 있을까? 포털사이트에 검색해
도 좋다.

## 3장

인터넷은 어떻게 작동하는가

| 첫 번째 웹사이트 |

나는 2004년 처음으로 thekeesh.com이라는 웹사이트를 만들었다. 당시에는 내가 무슨 일을 하는지 잘 모르는 상태였다. 하지만 simplehost.com에서 도메인과 웹호스팅을 구입했다. 'Keesh'는 자라면서 내게 붙었던 별명이다. 내가 맨 처음 만든 웹사이트는 간단한 HTML 페이지였으며, 웹 여기저기에서 복사해 붙여넣은 여러 부분으로 구성되었다. 나는 이런저런 그림과 친구들 사이에 공유했던 농담을 이 사이트에 넣었고, 학교 프로젝트에 이 웹사이트를 사용했다. 나중에 이 웹사이트를 블로그로 개편했고, 내가 만든 여러 코딩 프로젝트를 제공하는 장소로도 사용했다. 이제는 16년째 웹사이트를 만들어오고 있고, 점점 더 많은 것을 배움에 따라 사이트도 발전하고 있다. 코드에 대해 배우는 과정은 거의 대부분 이것저것 시도해보면서 잘될 때까지 실험을 해보는 식으로 진행된다. 여러분이 맨 처음 만든 사이트가 아주 단순한 것이라도 좋다. 나도 그런 간단한 페이지에서 시작했으며, 다른 이들도 그런 사이트로 시작했다.

| 인터넷은 어떻게 작동하는가? |

인터넷이 작동하는 원리를 이해하려면 아주 많은 요소를 알아야 한다. 이런 요소 중 상당수는 내가 컴퓨팅과 컴퓨터과학에 대해 매혹적이라고 느꼈던 이유이기도 하다. 세상에는 이론과 실무의 교집합에 속하는 몇 가지 주제가 있다. 그리고 인터넷이 어떻게 작동하는가는 이런 주제 중에 가장 좋은 예다.

인터넷이라는 주제에는 아주아주 많은 층위가 있다. 인터넷을 이루는 기술 중 상당 부분을 정확히 아는 사람일지라도, 이 모든 층위를 아주 복잡한 세부 사항까지 잘 아는 사람은 없을 것이다. 따라서 여기서 설명하는 내용이 너무 많다고 느껴지는 것도 당연하다. 설명할 모든 내용은 추상화 위에 구축된 추상화다. 따라서 라우팅 전문가라 할지라도 웹브라우저가 어떻게 동작하고 페이지를 어떻게 화면에 그리는지(이런 행위를 렌더링rendering이라고 부른다)에 대한 세세한 세부 사항을 잘 모를 수도 있다. 여기서는 여러 다양한 구성 요소를 전반적으로 알려주고 각각이 어떻게 서로 맞물려 작동하는지 보여줌으로써 인터넷이 어떻게 동작하는지에 대한 궁금증을 약간이나마 해소해주려 한다.

그렇다면, 인터넷은 대체 어떻게 작동하는걸까?

가장 높은 수준에서 볼 때 인터넷은 네트워크의 네트워크다. 인터넷은 여러 컴퓨터(여러분의 컴퓨터는 물론이고 다른 이들의 컴퓨터)로 이루어진 네트워크다. 그리고 TCP/IP, DNS, HTTP부터 자바스크립트에 이르는 여러 기술이 인터넷에 사용되며, 이런 기술을 통해 여러분이 쉽게 인터넷상의 웹페이지를 컴퓨터나 스마트폰으로 접근할 수 있다.

인터넷은 아주 놀라운 기술이다. 나는 거의 15년 이상 인터넷을 뒷받침하는 기술들을 알아내려 노력해왔는데, 각 기술이 어떻게 작동하는지 배우면 배울수록 전체 인터넷이 제대로 작동한다는 게 놀라울 뿐이다.

| 아파넷 |

인터넷의 간략한 역사를 이해하는 첫걸음으로 인터넷이 언제 시작됐는지부터 살펴보자. 인터넷은 수백 년간 쌓아온 정보 및 디지털 기술을 바탕으로 만들어졌다. 하지만 현대적인 인터넷의 첫 번째 버전은 아파넷이다. 아파넷ARPANET은 고등연구계획국네트워크Advanced Research Project Agency Network라는 뜻이며, 미국 국방부에서 진행한 프로젝트였다. 그렇게 1969년 현대적 인터넷의 효시 '아파넷'이 생겼다.

최초의 아파넷 메시지는 1965년 10월 29일 UCLA에서 스탠퍼드대학교 연구소로 전달됐다. 'LOGIN'이라는 단어였다. 하지만 앞의 두 글자(L과 O)만 전달된 채 시스템이 멈춰버렸다(즉, 여기서도 버그가 나타났다).

아파넷은 연구 프로젝트였으며 정부와 관계한 통신에서만 사용하려는 목적으로 만들어졌다. 1982년 매사추세츠대학교 실험 핸드북에 따르면 아파넷을 통해 개인 메시지를 보내는 것조차도 불법이었다.

1969년에는 네트워크의 노드가 4개뿐이었다. 이 네 노드는 UCLA, 스탠퍼드대학교, UC 샌타바버라, 유타대학교였다.

1974년에도 아파넷에는 수십 개의 노드가 존재할 뿐이었다. 하지만 2020년으로 빠르게 시간을 돌리면 최근 인터넷은 최소한 200억 개 이상의 노드가 연결되어 있다.

| 웹브라우저 |

이제 즐거운 마음으로 진짜 인터넷 세계를 탐험할 것이다. 1969년 아파넷 탄생부터 2021년까지 초점을 맞춰보자. 요즘은 인터넷에 접근하기가 아주 쉽다. 랩톱컴퓨터, 데스크톱컴퓨터, 스마트폰, 그리고 다양한 웨어러블 장치나 심지어는 온도계와 같은 장치들을 통해서도 인터넷에 접근할 수 있다. 하지만 이렇게 되기까지 아주 멀고도 먼 길을 와야 했다.

그렇다면 웹브라우저는 무엇일까? 그리고 웹브라우저가 어떻게 인터넷에 들어오게 됐을까? 웹브라우저는 인터넷에 접근하기 위해 사용하는 소프트웨어다. 지금 나는 랩톱에서 구글 크롬을 사용 중이다. 요즘 유명한 다른 웹브라우저로는 파이어폭스, 사파리, 브레이브, 오페라, 에지 등이 있다. 에지는 마이크로소프트에서 만든 브라우저로 인터넷익스플로러를 대신한다.

웹브라우저에서는 어떤 일을 할 수 있을까? 가장 단순하게 이야기하면, 웹페이지의 URL을 입력하면 웹브라우저가 그 주소에 해당하는 웹페이지를 인터넷에서 찾아 여러분에게 보여준다. 하지만 이런 일을 수행하기 위해 내부에서 어떤 일이 벌어지고 있는지를 물어본다면 전혀 다른 이야기가 된다. 웹브라우저는 HTTP 요청을 내보낸다. HTTP 요청은 웹사이트를 달라고 부탁하는 방법이며, 그 결과 HTML을 돌려받는다. 웹브라우저는 CSS, 이미지, 자바스크립트 등의 다른 파일(각각에 대해서는 뒤에서 설명한다)도 요청할 수 있다. 그 후, 브라우저는 돌려받은 모든 파일을 해석해서 여러분에게 어떤 화면을 보여줄지 결정하고 화면을 표시한다. 브라우저는 여러분이 버튼을 클릭하거나 키를 누르면 어떻게 대응할지도 결정한다.

최근에는 브라우저가 무엇인지와 브라우저와 인터넷이 어떻게 다른지에 대해 혼동하는 경우가 많다. 사람들은 사파리나 크롬이 인터넷이라고 생각하지만 실제로는 그렇지 않다. 브라우저는 인터넷에 접근할 수 있는 인터페이스를 제공하는 소프트웨어 애플리케이션이지만, 인터넷은 실제 컴퓨터들의 네트워크다. 1990년대에는 많은 사람이 AOL*을 인터넷이라고 생각했지만 실제로는 그렇지 않았다.

인터넷에 접근할 수 있는 다른 인터페이스도 있다. 예를 들면 직접 컴퓨터 프로그램을 작성해 인터넷에 접근하는 방법도 있다.

오늘날에는 크롬이 전체 브라우저 시장의 65퍼센트를 점유하고 있다. 웹브라우저 시장의 점유율은 시간의 지남에 따라 상당히 많이 변해왔다. 2000년대 초에는 마이크로소프트 윈도우 운영체제에 기본 탑재된 인터넷익스플로러가 시장의 거의 전부를 장악했다.

자, 정리해보자. 웹브라우저를 이해하는 가장 간단한 방법은 인터넷에 접근하기 위해 사용하는 프로그램이라고 생각하는 것이다!

| 도메인 이름 |

브라우저를 열면 google.com이나 wikipedia.com 같은 이름을 입력한다. 이런 이름이 바로 도메인 이름이다. 도메인 이름

＊   America Online의 약자로, 1990년대 초 여러 인터넷 서비스에 접속할 수 있는 자사 소프트웨어가 담긴 CD를 대량으로 배포하면서 인터넷 붐과 맞물려 급격히 성장했지만, 2000년 중반 이후 몰락했다.

domain name은 사람들이 사이트에 접근할 때 읽기에 쉽고 보기 좋은 주소를 사용할 수 있도록 해준다. 실제로는 IP 주소를 통해 이동하지만 이 주소는 숫자들로만 이루어져 있기 때문에 기억하기가 무척 어렵다.

도메인 이름은 누구나 소유할 수 있다. 여러분도 자신만의 도메인 이름을 가질 수 있다! 나는 꽤 많은 도메인 이름을 가지고 있다. 여러분 중에도 개인용 혹은 사업을 위한 웹사이트나 다른 프로젝트를 위한 도메인 이름을 가지고 있는 경우가 있을 것이다. 나는 블로그로 jeremykeeshin.com과 thekeesh.com 주소를 사용하고, 사업의 경우 CodeHS에는 codehs.com을, Bool에는 bool.com 도메인 이름을 사용하고 있다.

도메인 대행업체registrar를 통해 도메인을 구입할 수 있는데 한 해에 대략 1만 원~3만 원 내외의 비용이 든다.* 도메인 대행업체는 도메인 등록을 돕는 웹사이트다.

도메인 이름을 구입하고 싶다면 misk.com이나 namecheap.com을 권한다.** 추가로, 도메인 이름에는 TLD라는 부분이 있다. TLD는 최상위 도메인top level domain의 약자로, 점 뒤에 붙어서 도메인 이름을 확장해주는 이름이다. 예를 들어 google.com

---

*   인기 있어 보이거나, 기억하기 쉬운 이름은 가격이 비싸지며, 대행사에 따라 가격이 다를 수 있다.

**   미국 기준이며 한국의 경우 https://인터넷정보센터.한국/jsp/popup/agency FeePop.jsp를 참고해 적당한 회사를 선택하면 된다. 도메인에 따라서는 해당 국가의 법규를 만족해야만 등록을 허용할 수도 있다.

에서 TLD는 com이며, wikipedia.org의 TLD는 org이다.

사람들이 사용할 수 있는 도메인 공간을 늘리기 위해 최근 새로운 TLD가 많이 생겼다. 여러분은 어느 TLD에 속한 도메인이든 원하는 대로 살 수 있다. 가장 오래된 TLD로는 'com', 'org', 'edu', 'gov'가 있다.[*] 지금은 셀 수 없이 많은 TLD가 있다.

| URL |

그렇다면 도메인 이름과 URL은 어떻게 다를까? 인터넷을 이루는 요소에 대해 배울 때는 아주 비슷하지만 미묘하게 다르거나 차이가 있는 대상을 의미하는 단어가 아주 많다는 점을 기억하고 있으면 좋다.

도메인은 codehs.com처럼 여러분의 웹사이트를 대표하는 이름이다. 하지만 URL에는 도메인 외에도 다른 부분이 있다. URL은 인터넷상의 구체적인 위치를 가리킨다. URL은 통합 자원 지시자Uniform Resource Locator를 줄인 말로, 쉽게 말해 '웹주소'다. 도메인은 URL의 일부일 뿐이다.

구체적인 URL을 살펴보기 위해 https://readwritecodebook.

---

[*] 초창기부터 존재했던 TLD로는 국가별 도메인도 있다. us, uk, il는 1985년에 추가됐고, au, de, fi, fr, is, kr, nl, jp, se는 1986년 도입됐다. 우리나라는 1982년 세계 두 번째로 TCP/IP를 통한 인터넷 연결에 성공했고, 1984년 일본에 이어 최초로 공중정보통신망을 개통해 미국과 연결했으며, 상당히 초창기였던 1986년부터 별도 국가 도메인을 할당받아 자체적으로 인터넷 주소를 관리할 수 있었다. 이 과정에서 KAIST 전길남 교수가 연구와 개발을 주도했다. 이 업적으로 전길남 교수는 한국 인터넷의 아버지로 불린다.

com/chapter3이라는 URL 각 부분의 뜻을 알아보자.

- https는 프로토콜protocol이다. 프로토콜은 HTTPS를 사용해 자원에 접근한다는 점을 알려준다.
- readwritecodebook.com는 도메인 또는 호스트 이름으로 여러분이 방문할 웹사이트를 지정한다.
- com은 TLD, 즉 최상위 도메인이다.
- chapter3는 우리가 접근하는 웹사이트의 자원 경로path로, 우리가 요청 중인 파일의 구체적인 위치를 표현한다.

URL은 여러분이 특정 페이지나 링크를 얻기 위해 웹브라우저에 입력하는 내용이다. 경로는 웹사이트상에서 여러분이 접근하고 싶은 자원을 정확히 지정한다. 여기서는 HTML 페이지에 접근 중이다. 하지만 URL이 이미지나 다른 자원을 가리킬 수도 있다.

URL에서 다른 중요한 부분으로는 하위 도메인subdomain이 있다. 하위 도메인은 도메인 이름 앞에 붙는 부분이다. 웹페이지들을 더 높은 수준에서 조직화하기 위해 하위 도메인을 사용한다. 다음은 위키피디아에서 언어에 따라 서로 다른 하위 도메인을 사용하는 방식을 보여준다.

URL	하위 도메인
en.wikipedia.org	en
fr.wikipedia.org	fr

나는 방금 다음 URL을 통해 위키피디아 로고에 접근했다.

https://upload.wikimedia.org/wikipedia/en/8/80/
Wikipedia-logo-v2.svg

다음은 이 URL의 각 부분을 설명한다.

- https는 프로토콜이다.
- wikimedia.org는 도메인이다.
- upload는 하위도메인이다.
- upload.wikimedia.org는 호스트다.
- /wikipedia/en/8/80/Wikipedia-logo-v2.svg는 경로다.
- org는 최상위 도메인이다.

경로인 /wikipedia/en/8/80/Wikipedia-logo-v2.svg는 사이트에서 정확히 어떤 부분을 원하는지 말해준다. 이 경우, 경로는 이미지 파일을 가리킨다.

URL에는 다른 부분도 있을 수 있다! 여러분이 보게 될 다른 부분은 질의다. 질의는 물음표 다음에 오는 부분이다. 검색을 할 때 이런 질의 부분을 사용할 수 있다.

https://www.google.com/search?q=domain

여기서 질의는 'q=domain'이다. 질의를 사용하면 URL에서 웹서버에 약간의 정보를 추가 전달할 수 있다. 이 URL은 구글에서 'domain'이라는 단어를 검색한다. 이제부터는 웹 여기저기 돌아다닐 때 URL을 살펴보고, 여러분이 배운 다양한 부분을 찾을 수 있는지 살펴보자.

| IP 주소 |

지금까지 오늘날의 웹을 이루는 몇 가지 요소인 웹브라우저, 도메인, URL에 대해 살펴봤다. 이제는 내부로 한 걸음 더 들어가서 IP 주소에 대해 이야기해보자. IP는 인터넷프로토콜 Internet Protocol의 약자다. 따라서 IP 주소는 인터넷프로토콜 주소다. 이 말이 도대체 무슨 뜻일까?

IP 주소는 인터넷에 연결된 장치를 식별하기 위해 부여된 수를 뜻한다. IP 주소는 마치 인터넷상의 편지 배달 주소도 같다. 편지를 보내려면 어디로 배달해야 할지 알기 위해 주소가 필요하다.

IP 주소는 다음 같은 모양이거나,

64.233.160.0

다음과 비슷한 모양이다.

66.249.95.255

이들은 현재 구글이 사용 중인 IP 주소다. 어떤 URL이나 도메인을 방문할 때 도메인 이름은 단순히 컴퓨터나 특정 장치를 찾기 위한 IP 주소를 더 보기 좋고 읽기 쉽게 적은 것뿐이다.

대부분의 IP 주소는 방금 본 형식, 즉 0부터 255까지의 수가 4개 있으며 각 수를 도트.로 구분한 형태다. 이 책 앞에서 읽은 내용을 기억하는 독자라면 255나 256이라는 수를 2의 거듭제곱, 비트, 바이트 등에서 많아 봤다는 사실을 알 것이다. 0에서 255 사이의 수는 8비트(즉, 1바이트)로 표현할 수 있는 수의 범위이다. IPv4(여기서 설명 중인 IP 주소)는 32비트를 사용하기 때문에 8비트 수를 4개 볼 수 있다.

실제로는 IPv4 주소를 거의 다 사용한 것으로 드러나서(어떤 패턴[*]을 눈치챌 수 있는가?), 128비트를 사용하는 IPv6라는 새로운 버전이 도입됐다. 128비트를 사용하기 때문에 훨씬 더 많은 주소를 사용할 수 있다.

$$2^{32} = 4,294,967,296$$

$$2^{128} = 340,282,366,920,938,463,463,374,607,431,768,211,456$$

이는 IPv4에는 40억 개의 주소가 있지만, 2^{128}은 약 340간[**]

---

[*]   힌트! Y2K 문제와 Y2038 문제가 어디서부터 비롯됐는지 생각해보자.

이다. 따라서 IPv6 주소는 당분간 포화가 되지 않을 것이다.

여러분이 'google.com' 같은 주소를 입력하면 실제로는 66.249.95.255와 같은 IP 주소로 변환된다.

이제는 이런 질문이 떠오를 것이다. 대체 어떻게 도메인 이름이 정확히 같은 IP 주소로 변환될 수 있을까?

| DNS |

인터넷을 이루는 단어에는 줄임말이 아주 많다는 사실을 눈치챈 분도 있을 것이다. 이로 인해 약간 혼란스러울 수도 있다. 계속 진행하기 전에 몇몇 단어를 다시 정리하자.

도메인 이름은 google.com이나 wikipedia.org처럼 인터넷의 사이트를 표현하는 문자열이다. TLD 즉, 최상위 도메인은 도메인 이름의 확장이다. 원래부터 사용되던 최상위 도메인 이름으로는 'com', 'org', 'edu' 등이 있다.

URL은 인터넷상의 특정 자원, 위치, 페이지를 표현하는 문자열이다. URL에는 프로토콜과 도메인 이름이 있고, 경로도 포함돼 있다(그리고 더 많은 부분이 들었을 수 있다). 예를 들어 https://en.wikipedia.org/wiki/URL은 위키피디아에서 URL에 대해 설명하는 페이지를 가리키는 URL이다.

** 1간은 10의 36제곱이다. 340간이 어느 정도 큰 수냐 하면 지구 표면의 모든 원자마다 100개씩 주소를 부여해도 남을 정도의 수다.

IP 주소는 인터넷에서 장치를 표현하는 수다. IP 주소는 컴퓨터가 이해하기 쉬운 형태로 돼 있다.[*] 그리고 IP 주소는 209.85.128.0처럼 생겼다.

좋다. 이제 이런 유용한 개념을 익혔으므로 다음으로 DNS에 대해 알아보자. 그렇다면 DNS는 무엇인가? DNS는 도메인 이름 시스템Domain Name System의 약자다. DNS의 핵심 기능은 도메인 이름을 IP 주소로 변환하는 것이다. 바로 우리가 앞에서 궁금해했던 바로 그 기능이다!

여러분이 google.com을 입력하면 DNS는 66.249.95.255라는 IP 주소에 있는 컴퓨터를 찾아가라고 알려준다. 이게 DNS가 하는 일이다. 이제는 그렇다면 어떻게 DNS가 IP 주소 변환을 수행하는가 하는 질문이 생긴다. 다음과 같은 도메인이 있다고 하자.

en.wikipedia.org

이 도메인으로부터 IP 주소를 얻는 방법은 가장 오른쪽에 있는 TLD부터 시작된다. 이 예제에서 TLD, 즉 도메인 확장은 'org'이다. DNS에는 시작점이 있다. 이런 시작점을 루트 영역root zone이라고 한다. 루트 영역에서 다음으로 찾을 대상은 'org'다. 그리고 'org'에서 한 칸 왼쪽에 있는 이름을 찾으면 wikipedia를 얻는다.

---

* IP 주소는 컴퓨터가 사용하는 32비트 숫자일 뿐이다. 129.85.128.0도 실제로는 네 자리 16진수를 사람이 구분하기 쉽게 네 자리 10진수로 써놓은 것에 지나지 않는다.

여기서 벌어지는 일은 다음과 같다. DNS 시스템에서 여러분은 구체적인 DNS 레코드를 얻는다. 이 레코드는 "여러분이 en.wikipedia.org에 도달하고 싶다면 이 IP 주소로 가면 됩니다!"라고 쓰여 있다. 중간에 다른 단계가 있기는 하지만 근본적으로 DNS는 사람들이 읽기 쉬운 이름을 컴퓨터가 이해하기 쉬운 IP 주소와 연관시켜주는 시스템이다.

| HTTP |

URL은 보통 http://나 https://로 시작한다. 이 부분은 어떤 뜻일까? 프로토콜이다. HTTP는 하이퍼텍스트 전송 프로토콜 HyperText Transfer Protocol의 약자다. HTTP는 실제로 웹사이트에 요청을 보낼 때 쓰는 프로토콜이다. 클라이언트, 또는 사용자가 HTTP로 요청을 보내면 서버가 응답한다. 요청은 다음과 같다.

GET /

Host: www.google.com

이 요청은 "www.google.com에 있는 웹페이지를 얻을 수 있을까?"라는 뜻이다.

이에 대해 서버가 응답을 보낸다. 따라서 HTTP는 클라이언트와 서버가 서로 통신하는 방식이다. HTTP에는 GET 외에도 여러 방법이 존재한다. 주로 사용하는 것으로는 GET(웹페이지를 얻음)

과 POST(데이터를 저장)가 있다.

200과 같은 응답 코드를 받을 것이다. 200은 웹사이트가 제대로 작동하고 있다는 뜻이다.

하지만 404 같은 응답 코드를 받을 때도 있다. 404는 페이지가 존재하지 않는다는 뜻이다. 500이라는 코드도 있는데 서버 오류를 뜻한다. 웹사이트에서 404나 500 같은 오류를 본 적이 있는가? 이제 여러분은 그런 오류의 의미를 배웠다. 해당 오류 코드는 요청에 대한 HTTP 상태 코드로 응답이 성공적으로 완료되지 않았다는 뜻이다.

HTTP를 테스트해보자. 다음은 내 블로그에서 HTTP 응답 헤더를 요청하는 방법이다. 맥을 사용하고 있다면 터미널 애플리케이션을 열고 다음을 입력해보자.

```
curl -I https://thekeesh.com
```

다음은 내가 얻은 HTTP 응답이다. 200은 요청이 성공적으로 처리됐다는 뜻이다.

```
HTTP/1.1 200 OK
Date: Tue, 05 May 2020 14:27:35 GMT
Server: Apache/2.4.29 (Ubuntu)
Vary: Accept-Encoding,Cookie
Cache-Control: max-age=3, must-revalidate
```

Content-Length: 53895

Last-Modified: Tue, 05 May 2020 14:17:44 GMT

Content-Type: text/html; charset=UTF-8

프로토콜이 HTTPS로 시작하는 경우에는 연결을 암호화하라는 뜻이다.

| **TCP/IP** |

좋다. 이제는 한 계층 더 밑으로 내려가서 인터넷이 어떻게 작동하는지 계속 살펴보자. 인터넷을 통해 메시지를 보낼 때, 인터넷은 실제로 메시지를 여러 부분, 즉 패킷packet으로 조각내서 보내고 반대쪽에서 다시 조립하는 방식으로 작동한다. 여러분이 메시지나 요청, 또는 파일을 전달한다고 하자. 실제로는 이 요청을 여러 조각으로 나눠서 네트워크를 통해 보낸다. 하지만 이때 각 조각은 여러가지 다른 경로를 통해 전달될 수도 있다. 그 과정에서 각 조각의 순서가 뒤바뀔 수 있기 때문에 의미가 있는 메시지(또는 파일이나 요청)를 얻기 위해서는 재구성을 해야 한다. TCP(전송 제어 프로토콜, Transmission Control Protocol)가 하는 일이 바로 이런 일이다.

TCP는 퍼즐 조각을 보내는데 각 조각이 서로 다른 순서로 도착할 수도 있는 경우과 비슷하다. TCP는 각 퍼즐 조각을 제대로 조합하도록 보장해준다. 이는 마치 종이에 쓰인 편지를 한꺼번에

봉투에 넣어서 우편으로 보내는 대신, 편지를 10개로 조각내서 각 부분을 별도의 봉투에 담고 순서대로 1부터 10까지 번호를 매겨서 따로따로 우편으로 보내는 것과 같다. 각 조각은 서로 다른 경로를 통해 전달될 수 있지만, 결국 TCP가 1부터 10까지 순서를 맞춰서 다시 테이프를 붙여 합쳐준다. TCP는 전체 메시지 배달을 보장해준다.

TCP/IP를 붙여서 이야기하는 경우가 자주 있다. IP는 저수준이라서 주로 목적지 주소에 초점이 맞춰져 있다. IP 부분은 단지 메시지, 즉 패킷 각 조각을 송신하는 부분만 책임지는데, IP가 항상 신뢰할 수 있는 것은 아니다. 하지만 TCP 계층은 신뢰할 수 있는 계층이며 IP 계층 위에 구축되어 있다.

다음 표에서 여러분은 네 가지 계층으로 이루어진 인터넷 모델을 볼 수 있다. 각 계층은 아래 계층 위에 구축된다. HTTP라는 프로토콜은 TCP 위에 있으며, TCP는 IP 위에 구축됐고, IP는 이더넷Ethernet이나 와이파이Wi-Fi 등의 네트워크 계층 위에 만들어진다.

네트워크 계층	예제 프로토콜
애플리케이션	HTTP
전송	TCP
인터넷	IP
연결	이더넷

| HTML |

이제 브라우저, 도메인 이름, 프로토콜에 대해 살짝 배웠다.
하지만 이렇게 얻어온 웹페이지 코드를 어떻게 작성할 수 있을
까? 정답은 HTML을 사용한다는 것이다. 다른 요소들도 있지만
가장 기본적은 수준에서 HTML은 웹사이트의 구조를 만들때 사용
하는 언어다. HTML은 하이퍼텍스트 마크업 언어라는 뜻의 영어
를 줄인 단어다. HTTP 요청을 보내면 서버는 보통 HTML을 돌
려준다.

HTML은 <p>, <div> 등의 태그로 이뤄진다. 이런 태그는 보
통 페이지의 모양을 지정한다. 다음은 <h1> 태그라는 완전한 태
그를 보여준다. <h1> 태그는 웹 페이지에 큰 헤더를 표시한다.

```
<h1>My First Website</h1>
```

태그는 여는 태그로 시작되고, 닫는 태그가 끝난다. 닫는 태그
는 앞에 '/' 문자가 붙어 있다.

My First Website

이것이 바로 앞의 <h1> 태그를 표시한 결과다. 태그는 표시되지 않는다. 이 책 앞에서 설명한 기술을 다시 사용해서 웹사이트를 오른쪽 클릭하고 '페이지 소스 보기'를 선택하면 HTML을 볼 수 있다. 이번 장에서 설명한 방식대로 코드가 무언가를 만들어 내는 모습을 보고 싶다면 readwritecodebook.com에서 예제를 살펴보자.

여러 다른 태그가 있다. 헤더나 문단을 표현하는 태그도 있고, 페이지의 여러 부분이나 리스트, 네비게이션 막대 등을 표현하는 태그도 있다. 높은 수준에서 보면 태그는 여러 구조적 요소를 표현한다. 태그는 계층적이다. 계층적이라는 말은 태그가 내부에 다른 태그를 포함할 수 있다는 뜻이다. 이는 마치 글의 개요와 비슷하다. 개요를 작성할 때는 보통 다음과 같은 식으로 한다.

1. 주제 1
    a. 하위 주제
    b. 다른 하위 주제
2. 주제 2
    a. 논지 1
    b. 논지 2
    c. 논지 3
        i. 일부 논거

이 개요의 구조는 HTML 태그 구조와 비슷하다. 여기서 논지 1은 주제 2에 들어 있다. HTML에서는 페이지의 어떤 부분 안에 문단이 들어 있거나, 어떤 섹션 안에 다른 섹션이 들어갈 수 있다.

| CSS |

HTML은 페이지의 구조를 담당한다. 하지만 어떤 페이지를 읽어왔는데 페이지가 뭔가 잘못된 것처럼 생겼거나 평범한 텍스트처럼 보인다면, 아마도 CSS를 제외하고 HTML만 가져왔기 때문일 수 있다. HTML은 구조를 정하지만 CSS는 페이지의 스타일과 디자인을 결정한다.

CSS는 종속형 스타일 시트Cascading Style Sheet를 줄인 말이다. CSS는 HTML 요소(element, 태그를 부르는 정식 명칭) 가운데 하나 혹은 여러 연관된 요소를 한꺼번에 선택해서 선택한 요소(또는 요소들)를 어떤 스타일로 표시하고 싶은지 지정한다. 엘리먼트에 대해 글자체, 색, 크기, 여백(요소 주변의 공간) 등의 다양한 스타일을 지정할 수 있다.

예를 들어 모든 단락 안의 모든 글자를 빨간색으로 만들고 싶으면 다음과 같이 CSS를 작성할 수 있다.

```
p {
    color: red;
}
```

CSS 규칙은 선택하려는 요소를 기술하고, 그런 요소에 지정하고 싶은 스타일 속성과 속성값을 지정한다. p는 단락을 뜻하는 <p> 태그를 선택한다는 뜻이고, { } 내부의 color: red는 'color' 속성을 'red'라는 값으로 지정한다는 뜻이다.

| 자바스크립트 |

HTML, CSS, 자바스크립트를 소개하는 책은 시중에서 쉽게 구할 수 있다. 하지만 여기서는 전체 웹 안에서 각 요소가 어떻게 서로 맞물려 작동하는지, 컴퓨터과학 지식체계 안에서 어떤 위치를 점하고 있는지 여러분이 알 수 있게 도와주려 한다. 이런 주제 중 여러분의 흥미를 끄는 주제가 있다면, 더 깊이 찾아보자.

이제 여러분은 웹사이트를 만든다는 이야기가 HTML이 페이지 구조를 잡고, CSS가 페이지의 스타일과 디자인을 정한다는 것 정도는 안다. 자바스크립트JavaScript는 상호작용과 페이지 내부의 논리를 담당한다. 여러분이 페이지를 클릭하면 클릭된 부분이 어떻게 반응할까? 또는 애니메이션을 어떻게 만들 수 있을까? 또는 트위터나 구글 독스Google Docs 등의 복잡한 웹사이트를 어떻게 만들 수 있을까? 이런 웹사이트들은 모두 자바스크립트와 연관이 있다.

자바스크립트는 스크립팅 언어로 간주되기도 하는 프로그래밍 언어다. 자바스크립트를 웹브라우저에서 바로 실행할 수도 있다. 웹페이지에서 오른쪽 클릭을 해서 콘솔을 열라. 오른쪽 클릭을

하고 '검사'를 선택한 후, 콘솔Console을 클릭하라. 그리고 다음을
입력하자.

```
2 + 2
```

그리고 엔터를 눌러보자. 이렇게 하면 자바스크립트식을 계산
할 수 있다. 자바스크립트식은 몇 가지 특별한 규칙이 있는 계산
기처럼 작동한다. 다음을 입력해보자.

```
console.log("Hello");
```

이 코드는 앞에서 봤던 'Hello World'처럼 'Hello'를 출력한다.
만약 팝업창을 보고 싶다면 다음을 입력하라.

```
alert("Hey!")
```

자바스크립트에 대해 알아야 할 내용은 훨씬 더 많다. 하지만
방금 설명한 내용은 여러분에게 자바스크립트가 무엇이며 어떤
부분에 사용할 수 있는지 알려준다.

웹페이지에서 실행되는 자바스크립트를 보고 싶다면 read
writecodebook.com에서 예제를 살펴보자!

블로그라는 말을 들어봤을 것이다. 블로그란 무엇일까? 어떻게 자신만의 블로그를 만들 수 있을까? 블로그blog는 '웹로그 web log'를 줄인 말이다. 블로그를 읽거나 자신의 블로그를 만드는 데는 다양한 방법이 있다. 인터넷을 뒤지다 보면 많은 블로그를 보게 된다. 블로그는 글을 작성해 모아두는 장소일 뿐이다. 이런 글을 블로그 포스트post라고 부른다. 개인이 블로그를 소유할 수 있지만, 다양한 출판물이 블로그 형태로 콘텐츠를 제공할 수도 있다. 블로그와 다른 웹 출판물의 차이는 뭘까? 둘을 쉽게 구분하는 명확한 선은 없다. 《뉴욕 타임스》도 많은 블로그를 제공한다. 블로그의 내용이 더 짧은 경우가 많고(하지만 꼭 짧아야만 하는 것은 아니다!) 더 최신의 정보를 담고 있을 수 있지만(그렇지만 꼭 그래야만 하는 것도 아니다!), 여기에도 다양한 유형이 존재한다.

자신만의 블로그를 만들고 싶다면 다음과 같은 몇 가지 방법이 있다. 먼저, 미디엄Medium이나 블로거Blogger, 네이버나 다음 블로그같이 누군가 제공하는 사이트에 블로그를 개설할 수 있다. 원한다면 직접 블로그를 호스팅할 수도 있다. 블로그를 호스팅한다는 말은 여러분이 소유하거나 빌린 웹서버를 통해 블로그 콘텐츠를 제공한다는 뜻이다. 일반적인 블로그 플랫폼으로 워드프레스 WordPress가 있다. 워드프레스가 호스팅하는 블로그를 만들 수도 있고(https://wordpress.com/create-blog/), 워드프레스 블로그 플랫폼을 여러분의 웹사이트에 설치해서 블로그를 만들 수도 있다. 워드프레스 코드는 오픈소스이기 때문에 원하는 대로 설치하고 사용해도 된다. 나는 여러 블로그를 운영 중이고, 그중 일부는 호스팅을 사용 중이며, 일부는 개인 서버에서 서비스 중이다. 내 서버에서 서비스하는 블로그의 경우는 보통 워드프레스를 사용한다.

| 소스 보기 |

이번에는 인터넷과 코딩 작동에 대한 비밀을 조금 더 파헤쳐보자. URL에 방문하면 서버가 여러분의 웹브라우저에서 실행될 코드를 돌려준다. 이 코드에는 HTML, CSS, 자바스크립트 등이 있다. 여러분은 이 모든 코드를 직접 살펴볼 수 있다! 웹사이트 화면에서 오른쪽 마우스 버튼을 클릭하면 나오는 드롭다운 메뉴에서 '페이지 소스 보기'나 '소스 보기'를 선택하면 웹페이지를 구성하는 코드를 볼 수 있다. 여기서 '소스source'라는 단어는 코드를 뜻하며, '소스코드'와 같은 뜻이다. '소스'나 '코드', '소스코드'를 서로 혼용하는 경우가 많다.

소스를 보면 페이지를 이루는 HTML을 볼 수 있다. 그리고 HTML 코드 안에는 CSS나 자바스크립트 등 페이지의 디자인, 논리, 상호작용을 제어하는 다른 자원을 가리키는 링크들이 포함돼 있다.

몇몇 사이트의 소스코드를 살펴보면 어떤 일이 벌어지는지 좀 더 살펴볼 수 있다. 하지만 일부 사이트의 코드는 그냥 임의의 글자들이 뒤섞여 있는 것처럼 보이기도 한다. 이런 식으로 보이는 이유는 여러분에게 코드를 보내기 전에 코드를 압축하고, 알아보기 어렵게 변형(이런 과정을 난독화obfuscation라고 부른다)하기 때문이다. 압축 및 난독화를 하는 이유는 인터넷을 통해 전송하고 메모리에 저장할 때 공간을 절약하려는 이유와 함께 페이지 소스 코드를 쉽게 알아볼 수 없게 하기 위한 이유도 있다.

웹 기술은 열려 있기에 오랫동안 인터넷을 탐험하면서 나는 '뷰 소스'를 요긴하게 활용해왔다.

···▷ **실전 연습**

소스코드

아무 웹사이트나 방문해 '소스 보기'를 해보자. 몇몇 다른 사이트에서 시험해보자. 웹사이트를 방문해 웹페이지를 오른쪽 클릭해서 메뉴가 표시되면 '소스 보기'나 '페이지 소스 보기'를 선택하자. (맥에서는 옵션+커맨드+U를 통해 페이지 소스를 볼 수 있다.)

| 콘솔 들어가기 |

콘솔은 브라우저의 일부분으로 브라우저 내부에서 어떤 일이 벌어지는지를 좀 더 자세히 탐험해볼 수 있게 해주지만, 내 생각에 대부분의 사람은 이에 대해 잘 모른다. 페이지에서 오른쪽 클릭을 하고(코드의 세계로 들어가기 위해 가장 먼저 해야 하는 일이 오른쪽 클릭인 것 같다) '검사'(보통 '소스 보기' 다음에 있음)를 선택하면 브라우저에 새로운 부분이 생긴다. 새로 생긴 부분은 개발자 콘솔 console과 웹사이트 개발과 디버깅을 돕는 다양한 다른 도구들의 모음이다.

여기서는 특히 크롬 개발자 콘솔을 사용하는 법에 대해 설명한다. '요소Element', '콘솔', '소스', '네트워크', '성능' 등의 탭이 보인다.

예를 들어 《뉴욕 타임스》를 방문해 헤드라인에서 오른쪽 클릭 후 '검사'를 선택하면 개발자 도구의 요소 탭이 열리고 (여러분이 오른쪽 클릭을 한 위치인) 헤드라인에 해당하는 HTML 요소가 반전되어 보인다. 이런 동작은 아주 멋지다.

<span>이나 <a> 태그가 보일 것이다. <a>는 앵커anchor나 링크 태그이다. 이 말은 앵커 태그를 클릭하면 다른 웹페이지로 이동하게 된다는 뜻이다. 콘솔에서 실제 헤드라인 텍스트 부분을 클릭하면 해당 부분이 입력 가능한 텍스트 입력창으로 바뀐다. 입력이 가능해지면 여러분이 원하는 헤드라인을 입력할 수 있다. 예를 들어 "헤드라인을 바꾸는 법을 알려주는 훌륭한 책"이라고 입력해보자. 방금 입력한 내용이 마치 실제 《뉴욕 타임스》의 헤드라인인 것처럼 웹사이트에 표시된다!

실제로 웹은 언제나 리믹싱remixing이 이루어지는 장소다. HTML, CSS, 자바스크립트를 리믹싱하면서 웹디자인을 배우고 탐험해나갈 수 있다.

이제 콘솔 탭을 열면 방문한 웹사이트에 따라 서로 다른 메시지가 보일 것이다. 이 콘솔에서는 자바스크립트를 실행할 수 있다. 2+2를 입력하고 엔터를 누르면 4가 출력된다. 여기에 자바스 크립트 코드를 작성하거나, 자바스크립트를 사용해 웹페이지를 탐험할 수 있다. 자바스크립트에는 웹페이지를 탐험할 수 있는 다양한 기능이 존재한다. `document.`를 타이핑하면 아주 많은 선택지를 볼 수 있다.

개발자 도구 안에 있는 다른 탭들이 어떤 일을 하는지에 대해서도 살펴보자. 네트워크 탭은 브라우저가 보내고 받는 요청과 응답을 보여준다. 네트워크 탭이 열려 있는 동안 페이지를 새로 고침 하고 어떤 일이 벌어지는지 확인해보자.

| 나만의 도메인 만들기 |

이제 여러분은 다양한 방법으로 인터넷에 자신만의 웹페이지를 만들 수 있다. 나만의 웹페이지를 만들기에 앞서 가장 중요한 일이 있는데, 바로 여러분 자신의 도메인 이름을 얻는 것이다. google.com, wikipedia.org, thekeesh.com, jeremykeeshin. com 등이 도메인 이름이다. 도메인 이름을 얻는 것은 사이버 공간에 여러분만의 구역을 할당받는 것과 같다. 그 후 DNS 레코드상의 주소가 여러분이 원하는 대상을 가리키게 할 수 있다. DNS 주소가 여러분 자신의 컴퓨터를 가리킬 수도 있고, 여러분이 사용 중인 웹호스팅 서비스를 가리키거나 여러분 자신의 웹서버를 가리키거나, 혹은 여러분이 웹사이트를 만들도록 돕는 다른 사이트를 기리킬 수도 있다. 다양한 선택이 가능하다.

여러분 자신의 도메인 이름을 얻기 위해서는 몇 가지 단계를 밟아야 한다. 우선 여러분이 원하는 도메인이 사용 가능한지 알아봐야 한다. 만약 사용할 수 있다면 당장 구매하라! 사용할 수 없다면 다른 도메인 이름을 생각해야 한다. 또는 도메인 확장을 다른 것으로 바꿔볼 수도 있다. 가장 많이 사용하는 확장자명은 .com이나 .org이지만, 일부 웹사이트나 스타트업(그리고 도메인 대행업체)들은 .io, .ly, .co, .me 등의 다양한 확장자 명을 사용하기도 하고, 이런 도메인 확장들이 유명해진 경우도 있다. 처음에는 instantdomainsearch.com 같은 곳에서 출발하면 쉽다. 이 사이트를 통해 사용할 수 있는 도메인 이름을 쉽게 검색할 수 있다.

그리고 도메인 대행업체를 통해 도메인을 구입하고 싶을 것이다. 대부분의 .com 도메인은 1년에 1만 원~1만 2000원 정도이다. 일부 새로운 도메인 확장은 더 높은 가격을 받기도 한다(하지만 이런 도메인 확장이 뭔가 특별한 것은 아니다. 그냥 다른 도메인일 뿐이다).

나는 아주 많은 도메인 대행업체를 써봤다. 그중에 다음을 추천한다.

- 네임칩 namecheap.com
- 미스크 misk.com
- 구글 도메인즈 domains.google.com

도메인 이름이 필요할 때는 그냥 도메인 이름만 구입하는 것이 좋다. 여러분이 선택한 등록 대행업체 사이트에 들어가 원하는 도메인을 검색한 후, 계정을 만들고 도메인을 구입하자. 보통은 1년 단위로 도메인을 구입하지만 원한다면 여러 해를 한꺼번에 구매할 수도 있다. 구매할 때는 연락처 정보를 입력해야 하는데, 이 정보는 후이즈WHOIS 데이터베이스에 등록된다. 후이즈 데이터베이스는 도메인 관련 연락처로 공개된 레코드다. 이 데이터는 공개되어 있기 때문에 누구나 해당 정보를 볼 수 있다는 사실에 유의해야 한다. 일부 도메인 대행업체는 이런 연락처 정보를 개인정보로 보호해주기도 하며, 업체에 따라서는 이런 기능을 유료로 제공하기도 한다.

도메인 이름이 생겼다! 이제 할 일은 네임서버nameserver를 설정해서 도메인 이름이 여러분이 원하는 대상을 설정하게 하는 것이다. 이렇게 설정한 내용이 인터넷 전체에 반영되기까지 한두시간, 혹은 며칠이 걸리기도 한다.

| 나만의 웹호스팅, 서버 개설하기 |

도메인 이름이 있으면 실제로 그 도메인에 있는 웹사이트가 무언가 재미있는 걸 보여줬으면 하고 생각할 것이다. 그러면 웹사이트가 재미있는 무언가를 보여줄 수 있는 파일이나 코드가 존재할 장소가 필요하다. 여러분의 컴퓨터에 이런 파일이나 코드를 위치시킬 수도 있다. 하지만 개인 컴퓨터는 24시간 켜두기가 힘들고 항상 켜져 있지 않거나 쉽게 쓸모가 없어질 수 있다. 그래서 웹호스팅, 즉 여러분의 웹사이트 코드를 호스팅하는 기능을 제공하는 회사가 존재한다. 웹서버를 얻을 수도 있다. 이런 경우는 보통 어떤 컴퓨터 전체를 여러분이 직접 관리하면서 완전히 사용하거나 다른 누군가가 관리하는 컴퓨터의 일부를 활용하게 된다.

내가 맨 처음 웹사이트를 만들 때는 그냥 아무 웹호스팅 사이트나 골라서 사용했다. 여러분이 직접 서버를 마련할 때 겪어야 하는 복잡한 과정을 겪지 않아도 되기 때문에, 실제로 처음 시작할 때는 여러 가지 측면에서 웹호스팅이 더 낫다. 하지만 이제 나는 개인 웹서버를 가지고 있다. CodeHS의 경우, 다른 여러 대규모 웹사이트와 마찬가지로 서버가 하나만 있지 않고 여러 다른 서버들을 통해 웹사이트를 제공한다.

웹호스팅에는 아주 다양한 방식이 있다. 높은 수준에서 볼 때 웹호스팅은 여러분의 HTML, CSS, 자바스크립트 파일이나 다른 서버 코드를 넣을 수 있는 장소를 제공하는 서비스다. 기본적으로 웹호스팅은 여러분의 웹사이트에 있는 파일들을 표현하는 폴더 같은 역할을 한다.

서버를 사용하고 싶은 경우에는 보통 어떤 컴퓨터 자원에 대한 접근 권한을 정해진 시간 동안 구입하거나, 실제로 사용한 컴퓨터 자원의 종류와 사용 시간에 따라 비용을 지불하는 방식 등을 선택할 수 있다.

| 웹호스팅 설정하기 |

이제 웹호스팅을 사용해 개인 웹사이트를 설정하는 구체적인 과정을 살펴보자. CodeHS에서는 개인 홈페이지를 쉽게 만들 수 있는 방법을 제공하고 있다. CodeHS에서 HTML, CSS, 자바스크립트를 작성해 자신만의 codehs.me 하위 도메인을 얻을 수 있다. (참고로 내 하위 도메인은 jkeesh.codehs.me이다.)

1단계 웹호스팅 계정 등록

먼저 nearlyfreespeech.net에 가입하라. nearlyfreespeech.net은 하루 1센트(2023년 기준 12원 정도)에 웹호스팅을 제공하며 무료로 시험해볼 수 있다. 먼저 프로파일을 만들고 난 후 계정을 생성하면 된다. 계정을 생성한 다음에는 사이트를 만들자. 여러분이 원하는 사이트 이름을 입력하면 된다. 그리고 처음 가입할 때 받은 임시 패스워드를 원하는 패스워드로 바꾸면 된다.

2단계 도메인 구입

웹사이트 이름을 선택하자. 나는 nearlyfreespeech.net에서 setupyourwebhosting.com을 연 10달러에 샀다. 이 사이트는 지금 이 본문을 표시해주는 실제 웹사이트다. 도메인 탭에서 '새 도메인 등록'을 클릭하면 도메인을 살 수 있다. DNS 설정을 물어보는 창이 뜨면 'DNS와 네임서버를 자동으로 설정'을 선택하면 된다.

3단계 FTP 프로그램 다운로드

FTP 프로그램을 사용하면 파일을 여러분의 사이트에 업로드할 수 있다. FTP는 파일 전송 프로토콜File Transfer Protocol의 약자다. 사이버덕Cyberduck을 다운로드해서 설치할 수 있다.

4단계 텍스트 편집기 설치
나는 코드를 작성하기 위해 서브라임텍스트Sublime Text를 다운로드했다. (다른 텍스트 편집기를 사용해도 된다.)

5단계 index.html 파일 만들기
여러분의 웹사이트에 표시할 파일을 만들자. 서브라임텍스트를 열어서 새 파일을 만들고, 그냥 다음 내용을 입력하라.

```
<h1>Welcome to my first website!</h1>
```

그리고 이 파일을 컴퓨터 데스크톱에 index.html이라는 이름으로 저장하라. 이제 index.html을 더블클릭하면 웹브라우저가 실행되고, 다음과 같은 페이지가 보일 것이다.

Welcome to my first website!

6단계 HTML 파일을 FTP를 통해 웹사이트에 업로드
이제 nearlyfreespeech.net에 접속해 사이트Sites 탭을 열어보자. 여러분이 생성한 사이트로 클릭해 들어가면 SSH/SFTP 정보가 적힌 부분이 보여야 한다. 사이버덕을 열고 '+'를 클릭해 연

결을 만들어보자. 서버Server 아래에 여러분의 SSH/SFTP 호스트 이름을 입력하고, '사용자 이름Username'과 '패스워드Password'에 사이트의 SSH/SFTP 부분에서 얻은 사용자 이름과 암호를 입력해보자. 연결되면 아무것도 없는 빈 폴더가 보인다. 이제 데스크톱컴퓨터에서 여러분이 만든 index.html 파일을 드래그해서 사이버덕이 보여주는 폴더에 옮겨보자. 파일 업로드가 끝나면 index.html 파일을 사이버덕 폴더에서 볼 수 있다.

7단계   도메인을 사이트와 연결

사이트 탭에서 여러분의 사이트를 클릭해 들어가보자. '사이트 이름과 별명Site Names & Aliases'에서 '새로운 별명 등록 Add a New Alias'을 클릭하고, 여러분이 구매한 도메인 이름을 입력하자. 나는 www.setupyourwebhosting.com을 입력했고, 다른 별명으로 'setupyourwebhosting.com'도 입력했다.

8단계   사이트 방문!

사이트가 작동돼야 한다! 이제 여러분의 사이트에 방문하면 index.html에 입력한 텍스트가 보여야 한다.

setupyourwebhosting.com에서 방금 본 사이트 설정 방법을 다시 볼 수 있다.

| 이 책을 위한 웹사이트 설정 |

예를 들어 이 책의 웹사이트readwritecodebook.com를 살펴보자. 내가 이 사이트를 정확히 어떻게 설정했을까? 이 사이트 설정은 여러 고급 방식을 포함한 사이트 설정의 모든 단계를 보여준다.

1단계 도메인 구입

readwritecodebook.com 도메인을 구글 도메인즈https://domains.google/에서 매년 구입, 갱신한다(2020년 기준으로 연간 12달러다).

2단계 내 리노드Linode 계정에 맞게 네임서버 설정

나는 구글 도메인즈의 DNS 탭을 클릭해 들어간 후, '별도 네임서버 사용Use custom name servers'을 선택했다. 이유는 리노드에 네임서버를 설정했기 때문이다. 새 도메인이 다음 리노드 네임서버들을 지정할 수 있도록 설정했다.

```
ns1.linode.com
ns2.linode.com
ns3.linode.com
ns4.linode.com
ns5.linode.com
```

이 말은 여러분이 readwritecodebook.com 도메인에 대해 "어떤 IP 주소를 방문해야 하나요?"라고 물을 때 여기 지정한 네임서버를 통해 관련 정보를 제공한다는 뜻이다.

3단계 A 레코드가 리노드에 있는 내 서버의 IP 주소를 지정하도록 설정

나는 리노드 계정에서 새 도메인을 설정하고, A 레코드가 내 웹서버 IP 주소를 지정하도록 했다. 내 웹서버 IP 주소는 173.230.152.171이다. A 레코드는 도메인 이름을 IP 주소로 변환해준다. 이제 readwritecodebook.com을 입력하면 내가 입력한 IP 주소로 방문하게 된다.

4단계 가상 서버가 원하는 폴더에 접근하도록 설정

다음으로 내 웹서버에 readwritecodebook.com이라는 웹사이트에 사용할 폴더를 만들고 HTML 파일을 추가했다. 먼저 index.html이라는 파일을 만든 후 readwritecodebook.com 도메인의 웹사이트를 어떤 폴더에서 찾아야 하는지를 지정하는 웹서버 설정 파일을 만들었다. 이 부분은 전부 다 조금 더 어려운 과정이다.

5단계 끝!

readwritecodebook.com에 방문해 웹사이트를 테스트해보

자. 방금 설명한 마지막 몇 단계는 어려울 수 있지만, 여러분에게 도메인에서 네임서버, IP 주소, 가상 서버를 거쳐 실제 파일로 도달하게 되는 과정을 보여준다. 나는 50여 개의 사이트를 만들었기 때문에 이런 과정에 익숙하지만, 여러분에게는 도메인 이름과 웹호스팅을 사용해 사이트를 시작하는 쪽을 권한다. 여러분의 도메인 이름을 얻고 (여러분이 작성한!) HTML 파일을 그 도메인을 통해 제공하는 것만으로도 상당한 발전이라 할 수 있다. 내가 바로 그런 방식으로 처음 도메인을 만들었다. 수많은 웹사이트 구축 도구를 사용하면 웹사이트 구축 과정 전체를 추상화해서 세부 과정을 무시하면서 사이트를 만들 수 있지만, 여기서 설명한 방식이 실제로 웹사이트를 구축할 때 (사이트 구축 도구) 내부에서 벌어지는 일이다.

| 클라이언트와 서버 |

인터넷을 이해하려면 클라이언트와 서버라는 용어가 필수다. 앞에서 이야기한 상당수 내용 가운데 클라이언트와 서버라는 용어로 치환하면 더 쉽게 이해되는 것들도 있다. 클라이언트client는 서비스를 사용하는 사람이나 물건이며, 서버server는 서비스를 제공하는 사람이나 물건이다. 여러분이 클라이언트인 경우, 여러분은 어떤 특정 웹사이트의 사용자가 된다. 이때 서버는 웹사이트를 제어하는 컴퓨터다. 따라서 클라이언트는 여러분의 컴퓨터이며, 서버는 다른 누군가의 컴퓨터다.

어떤 웹사이트에 방문할 때는 해당 웹사이트에 요청을 보낸다. 서버는 이 요청을 처리한다. 다음은 우리가 사용하는 클라이언트가 웹사이트를 얻기 위한 HTTP 요청을 구글 서버에 보내고 HTML을 돌려받는 과정을 보여준다. 이제 여러분은 이 모든 과정을 이해했다!

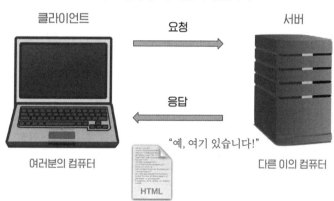

이제 클라이언트와 서버라는 말을 이해했으므로, 이 용어를 다른 요소에 어떻게 적용할 수 있는지 살펴보자. 클라이언트는 최종 사용자로, 여기서는 여러분의 개인 컴퓨터를 말한다. 서버는 웹사이트를 제공하며, 보통은 다른 사람의 컴퓨터를 말한다.

여러분이 사용하는 클라이언트는 실제로는 웹사이트의 프런트엔드front end다. 서버를 우리에게 보이지 않는 어떤 구성 요소라고 생각할 수도 있는데 이를 웹사이트의 백엔드back end라고도 한다. 요즘은 프런트엔드와 백엔드를 다루는 프로그래머가 따로 있다. 프런트엔드는 클라이언트와 직접 마주하는 부분, 즉 여러분이 보게 되는 부분을 담당한다. 그런 부분에는 HTML, CSS, 자바스크립트 등이 있다! 이런 부분은 (서버 쪽에서) 실제로 여러분의 컴퓨터로 전송되어 화면에 표시되고 브라우징할 수 있는 모든 부분이다. 이 부분이 바로 클라이언트, 또는 프런트엔드다.

웹에서 백엔드는 훨씬 더 다양하다. 백엔드 언어로 쓰일 수 있는 언어가 아주 많다. 파이썬, 루비, 자바, 자바스크립트 외에도 수많은 언어가 백엔드에 사용될 수 있다.

하지만 여기서 웹의 클라이언트/서버 모델의 핵심 아이디어는 양쪽이 존재하며, 한쪽은 여러 가지를 요청하고(보통은 여러분, 즉 최종 사용자가 이런 역할을 한다), 서버는 응답한다는 점이다(보통은 다른 사람의 컴퓨터가 응답해준다).

│ 알아두어야 할 문제: 망 중립성과 검열 │

망 중립성이란 무엇이고 왜 망 중립성에 신경을 써야 할까? 웹의 미래에 대해 논의할 때 생생한 언쟁이 이뤄지는 주제가 있는데, 망 중립성도 중요한 주제다. 이제 여러분도 망 중립성에 대한 논쟁을 이해하기에 충분한 지식을 갖췄다. 망 중립성은 웹을 통해 오가는 모든 비트를 동등하게 여길지, 일부에게 더 우선순위를 부여할지에 대한 문제다.

망 중립성을 제공한다는 말은 인프라 수준에서 볼 때 아주 작은 블로그부터 거대한 기술 기업에 이르는 모든 웹사이트에 대해 평평한 운동장을 제공한다는 뜻이다. 망 중립성이 없다면 인터넷이 쉽게 불공평해진다는 문제가 생긴다. 망 중립성이 없으면 여러분의 ISP, 즉 인터넷 서비스 제공자Internet Service Provider가 원하는 대로 승자를 선택할 수도 있게 된다. ISP가 불평등하게 일부 웹사이트의 속도를 느리거나 빠르게 하거나, 돈을 더 많이 내는 기업에 인터넷 접근 우선순위를 부여할 수도 있을 것이다. 극단적인 예를 들면, ISP가 여러분이 방문하는 웹사이트를 감시하고 자신의 기준에 맞춰 일부에 대한 접근을 막거나 속도를 낮출 수도 있다.

이 문제는 인터넷 접근, 검열, 그리고 실제로는 분권화된 웹 동작과 관련된 핵심적인 주제다. 미국은 현재 망 중립성이 없다. 중국에는 '방화장성Great Firewall'※으로 알려진 여러 가지 제약이 있다. 이 말은 정부가 사람들이 접근할 수 있는 사이트를 조정하며 네트워크상의 비즈니스를 완전히 막을 수도 있다는 뜻이다. 구글, 유튜브, 페이스북, 위키피디아 등 주요 미국 사이트가 중국에서는 차단돼 있다. 이는 망 중립성에 반하는 일이다. 개인적인 의견이지만 인터넷 미래에 있어 망 중립성과 검열은 앞으로도 계속 주요 사안으로 떠오를 것이라고 생각한다.

※　방화벽firewall은 건물에서 화재가 발생했을 때 화재 확산을 막기 위해 각 구획을 차단하기 위해 만들어진 벽을 뜻하지만, 인터넷에서는 웹사이트나 네트워크에 연결된 컴퓨터로 들어오는 원치 않는 접속을 거부하는 장치를 뜻한다. 만리장성에 빗대 중국의 웹사이트 접근을 감시하는 방화벽을 '방화장성'이나 '만리 방화벽'이라고 한다.

4장 프로그래밍 개념

우리 회사는 NBC 방송국에서 주관하는 '전국 교육 개혁 챌린지' 경진대회에서 상을 받았고, 그 덕분에 나는 NBC에서 진행하는 아침 정보 프로그램 인터뷰에 출연했다. 인터뷰 당시 봉제 강아지 인형을 안고 있었는데 우리 회사의 마스코트가 바로 강아지 카렐Kere1이기 때문이다. 이 강아지는 프로그래밍을 좀 더 친근하게 배울 수 있게 도와주는 길잡이다. 코딩을 배운다는 게 겁이 날수도 있다. 그래서 좀 더 친근한 방법으로 코딩을 시작할 수 있다면 좋지 않을까 고민하다가 카렐을 떠올리게 됐다.

태어날 때부터 컴퓨터과학 개념을 아는 사람은 없다. 다른 모든 기술과 마찬가지로 컴퓨터과학도 배워야 하는 기술이다. 코딩에서 사용하는 용어가 어려워 보일 수 있다. 과연 할 수 있을까 망설이고 있을 때, 카렐이 등장한다.

실제로 컴퓨터를 제어하고 무슨 일을 해야 하는지 컴퓨터에 지시하려면 프로그램을 작성하거나 코드를 작성해야 한다. 여러분의 머릿속에서 프로그램(앱, 웹사이트, 함수 등 여러분이 만들려는 무언가)에 대해 떠올린 아이디어에서 시작해 이 아이디어를 어떻게 컴퓨터가 이해할 수 있는 언어로 번역할 수 있는지 알아내야 한다.

컴퓨터가 이해할 수 있는 언어는 아주 구체적으로 정해져 있다. 바로 코드다. 코드에는 문법 규칙이 있는데 이 규칙은 사람이 다른 사람에게 이야기할 때 쓰는 언어처럼 유연하지는 못하다. 사람은 여러분이 말하려는 바를 미루어 짐작할 수 있지만 컴퓨터는 그렇지 못하기 때문이다.

| 강아지 카렐 |

카렐은 CodeHS에서 프로그래밍을 가르치는 강아지다. 아이들과 어른들에게 코딩 기초를 가르치기 위해 카렐을 사용해왔다. 카렐은 격자 세계에 살고 있는 귀여운 강아지다. 우리는 카렐을 위한 코드를 작성함으로써 여러가지 퍼즐이나 문제를 푼다. 카렐이 사는 세상에는 항상 처음 카렐이 출발하는 위치와 최종적으로 도달해야 하는 위치가 있다. 카렐은 이 세계를 돌아다니거나 테니스공을 들어 올리거나 내려놓을 수 있다. 카렐의 이런 기능만

을 활용해 코딩을 소개하고 주요 개념을 설명한다.

카렐은 리처드 패티스Richard Pattis가 만든 교육용 프로그래밍 언어로, '로봇'이라는 단어를 만들어낸 체코의 국민 작가 카렐 차페크Karel Capek의 이름에서 따왔다. 나는 스탠퍼드대학교에서 카렐의 변종을 사용해 코딩 소개 과목을 가르쳤다. 여기 강아지 카렐이 있다.

| 명령 |

코드를 작성하는 것은 컴퓨터에게 지시나 명령을 내리는 것이다. 실제로 컴퓨터는 살아 있는 강아지보다 훨씬 더 주의 깊게 여러분의 지시를 따른다. 카렐은 다행히 컴퓨터화한 강아지이기 때문에 명령을 내리기가 더 쉽다.

카렐이 아는 명령은 다음 네 가지다.

```
move();
turnLeft();
putBall();
takeBall();
```

방금 쓴 게 전부다. move(); 명령은 카렐이 보고 있는 방향으로 카렐을 점 하나만큼 이동시킨다. turnLeft(); 명령은 카렐을 90도 왼쪽으로 돌린다. 예를 들어 카렐이 동쪽을 보고 있는데

turnLeft();를 쓰면 북쪽을 바라보게 된다.

다음은 명령어 하나만 쓴 첫 번째 프로그램이다.

| 첫 번째 프로그램

```
move();
```

왼쪽은 프로그램이 시작할 때 세계의 모습이고, 오른쪽은 카렐이 move(); 명령을 실행한 다음 모습이다.

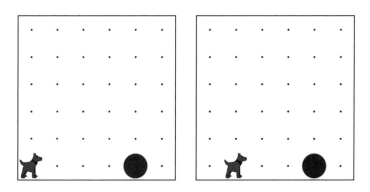

| 두 번째 프로그램

```
move();
turnLeft();
```

왼쪽은 프로그램이 시작할 때 세계의 모습이고, 오른쪽은 카렐이 move();와 turnLeft(); 명령을 실행한 다음 모습이다.

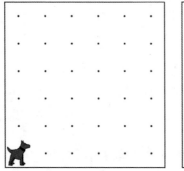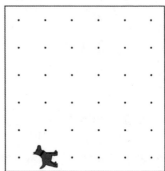

명령은 일반 영어 단어와 거의 같지만 몇 가지 규칙이 있다. 우선, 네 가지 명령을 표현하는 단어를 쓸 때는 공백(빈칸)이 들어가지 않게, 이 책에서 적은 방식과 똑같이 대소문자를 적어야만 한다. 카렐은 그렇게 적은 명령만 인식한다. 현재 우리는 카렐의 언어를 사용하지만, 내부적으로는 자바스크립트 프로그래밍 언어를 사용하는 중이다.

다음으로, 각 명령은 다음과 같이 끝나야 한다.

( );

이 부분으로 인해 컴퓨터가 명령을 인식할 수 있다. 그리고 이 부분이 카렐 언어에서 명령을 호출할 때 사용하는 문법이다. 그리고 지금까지 설명한 내용이 문법의 전부다.

이제 카렐이 두 번 움직인 다음에 공을 내려놓게 하는 프로그램을 작성한다 치자. 프로그램은 다음과 같다.

| 세 번째 프로그램

```
move();

move();

putBall();
```

왼쪽은 프로그램이 시작할 때 세계의 모습이고, 오른쪽은 코드를 실행한 다음 모습이다.

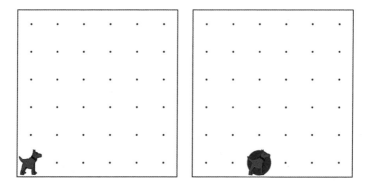

이게 전부다! 카렐은 명령을 하나씩 실행한다. 여러분이 직접 프로그램을 작성하고 싶다고 하자. 카렐이 네 번 움직인 다음, 그 위치에 있는 공을 집어 들게 하려면 코드를 어떻게 작성해야 할까? 다음은 실행 시작 때와 종료할 때의 세계를 보여준다.

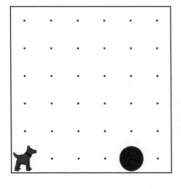 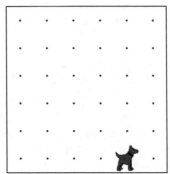

카렐이 다음과 같이 피라미드를 만들게 하는 코드를 작성하고 싶다면 어떤 명령을 사용해야 할까?

| 피라미드 카렐

 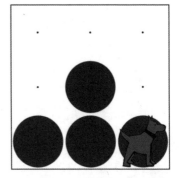

| 함수 |

여러분이 이해해야 할 첫번째 프로그래밍 개념은 명령이다. 명령은 컴퓨터나 카렐에게 여러분이 내리는 지시로, 가장 기본적인 빌딩 블록이다. 카렐을 가지고 놀다보면 곧 한계에 부딪치게 된다. 명령이 네 가지밖에 없기 때문이다. 다른 명령이 필요하면 어떻게 해야 할까? 지금 상황에서 카렐은 아주 한계가 많으며, 심지어 오른쪽으로 돌 수도 없다.

여러분에게 주어진 명령만을 사용해 카렐이 오른쪽으로 돌게 하려면 어떻게 해야 할까? 카렐의 방향을 바꿀 수 있는 명령은 하나뿐인데, 바로 turnLeft(); 명령이다. 따라서 오른쪽으로 도는 명령은 어떻게 해야 하는지 생각해낼 수 있는가?

카렐이 오른쪽으로 돌기 위해서는, 왼쪽으로 세 번 돌아야 한다. 왼쪽으로 세 번 돌면 오른쪽으로 한 번 돈 경우와 같은 방향을 보게 된다. 이 과정은 다음과 같다.

```
turnLeft();

turnLeft();

turnLeft();
```

이제 최소한 오른쪽으로 돌고 싶을 때 사용할 수 있는 대안을 찾았다. turnLeft();를 세 번 쓰면 된다. 하지만 프로그램이 복잡해지고 더 어려운 문제를 풀어야 한다면, 이런 식으로 같은 코드를 반복해서 입력하는 과정은 성가시며, 이런 식으로 짜인 프로그램은 작성한 우리의 의도를 명확히 전달하지도 못한다.* 여러분은 그냥 카렐에게 오른쪽으로 돌라고 명령을 내리고 싶어질 것이다.

이럴 때는 함수를 사용하는 것이 답이다. 함수function를 사용하면 카렐에게 새로운 단어, 즉 명령을 가르쳐줄 수 있다. 여러분은 새 명령에 이름을 붙이고, 이 새 명령을 실행하면 벌어져야 하는 명령의 목록을 작성한다.

이렇게 새로운 명령을 만드는 과정을 함수를 정의한다고 말한다. 카렐이 세 번 왼쪽으로 돌게 하는 turnRight()라는 함수를 정의하고 싶다면 다음과 같이 할 수 있다.

---

* 프로그램이 명확하지 않다는 게 어떤 뜻일까? 컴퓨터는 명령을 반복나열해도 충실히 빠짐없이 수행해주고 해석이 틀리는 경우도 없다. 따라서 코드의 명확성은 컴퓨터를 위함이 아니라 사람을 위함이다. 여기서 코드가 컴퓨터에 명령을 내리는 동시에 코드를 작성한 사람의 의도를 다른 사람에게 전달하는 목적도 있다는 사실을 알 수 있다.

```
function turnRight()

{

    turnLeft();

    turnLeft();

    turnLeft();

}
```

다음은 문법, 즉 새 함수를 만들 때 사용해야 하는 규칙이다. 먼저 function이라는 단어를 쓴다. 그다음에 함수 이름을 적는다. 함수 이름 뒤에는 괄호()가 온다. 그다음에 여는 중괄호와 닫는 중괄호{,} 사이(이때 여는 중괄호와 닫는 중괄호 앞뒤에서 줄을 바꾼다)에 함수를 사용하면 실행해야 할 명령 목록을 작성한다. 그렇다. 이렇게 하면 함수를 정의할 수 있다.

카렐이 실제로 이 (함수로 정의한) 명령을 수행하게 하려면, 함수를 호출해야 한다. 함수를 호출하는 방법은 다음과 같다.

```
turnRight();
```

함수 호출은 일반 명령어를 호출할 때와 똑같다. 우리가 새로운 명령을 만들었기 때문에 사용 방법도 같다.

함수를 하나 더 만들어보자. 카렐이 뒤로 돌게 하고 싶다. 뒤로 돌려면 왼쪽으로 두 번 돌아야 한다. 따라서 함수는 다음과 같다.

```
function turnAround()

{

    turnLeft();

    turnLeft();

}
```

이제 이 함수를 호출하고 싶으면 다음처럼 쓰면 된다.

```
turnAround();
```

| 루프 |

이제 여러분은 프로그래밍을 배울 때 도움을 주며 아주 구체적인 규칙에 의해 정해진 언어만 이해할 수 있는 친절한 강아지 카렐과 조금은 가까워졌을 것이다. 컴퓨터에 명령을 내리는 일, 즉 코딩은 마치 강아지에게 명령을 내리는 것과 같다. 기존 명령이 있으면 그 명령을 바탕으로 새 명령, 즉 함수를 만들 수도 있다. 함수를 사용하면 더 이해하기 쉽고 반복하기 쉬운 요소를 만들 수 있어서 새로운 빌딩 블록을 만들 수 있다.

하지만 좀 더 어려운 문제도 있다. 격자가 더 커졌다고 해보자. 격자가 20×20으로 더 커지거나 심지어 100×100으로 커졌는데, 카렐이 격자를 돌아다니면서 모든 점에 공을 내려놓게 하고 싶다. 여러분이 (함수를 사용해) 명령을 작성할 수도 있겠지만, 타이핑해야 할 내용이 너무 많다. 명령이 너무 길고 같은 코드가 계속 반복된다. 같은 일을 반복해야 한다면 어떻게 해야 할까? 카렐은 이에 대한 답을 제시한다.

어떤 일을 반복하고 싶으면 루프loop를 사용한다. 알아둬야 할 루프에는 for와 while이라는 두 가지 유형이 있다.

for 루프는 코드를 정해진 횟수만큼 반복한다.

while 루프는 어떤 조건이 참인 동안 루프를 반복한다.

이제 예제를 살펴보자. 카렐을 57번 움직이고 싶다. 이런 경우 반복 횟수가 정해져 있기 때문에 for 루프를 사용한다. 다음은 이런 명령을 실행하는 코드다.

```
for(var i = 0; i < 57; i++)
{
```

```
    move();

}
```

여기에도 복잡한 문법이 있지만, 이 코드가 말하는 바는
'move(); 명령을 정해진 횟수만큼 실행하라'라는 것이다. 원하는
횟수만큼 루프가 돌게 변경하려면 57의 자리에 원하는 숫자를 넣
으면 된다. 따라서 카렐을 8번 이동시키는 코드는 다음과 같다.

```
for(var i = 0; i < 8; i++)
{
    move();
}
```

for 루프 안에 있는 블록에 원하는 코드를 넣을 수 있다. 하나
혹은 여러 명령을 써도 되며, 함수를 호출할 수도 있다. 다음은 카
렐이 움직인 후 공을 내려놓는 동작을 10번 반복한다.

```
for(var i = 0; i < 10; i++)
{
    move();
    putBall();
}
```

다른 유형의 루프는 while 루프다. while 루프를 사용하면 조건이 참인 동안 코드를 반복할 수 있다. while 루프가 왜 필요할까? 어떤 일을 반복하고 싶은데 미리 반복 횟수를 알 수 없다고 하자. 이럴 때 while 루프를 사용한다.

줄의 맨 끝까지 카렐을 이동시키고 싶다고 하자. 이 문제를 해결할 격자가 한 가지뿐이라면 for 루프만으로 충분할 수도 있다. (출발 지점에서) 반대편 끝까지 가기 위해 필요한 이동 횟수를 세서 for 루프를 작성하면 된다. 하지만 격자가 여러 종류라면 어떻게 해야 할까? 카렐이 세상의 반대편 끝까지 가게 하고 싶지만, 세상의 너비가 10칸인지, 20칸인지, 100칸인지 알 수 없다면? 이럴 때 while 루프를 사용할 수 있다.

다만 while로 처리하려면 카렐이 자신이 속한 세계에 대한 질문을 던질 수 있어야만 한다. 예를 들어 카렐은 자신이 바라보는 방향으로 이동해도 되는지 판단할 수 있다. 이런 판단을 위한 코드는 다음과 같다.

```
frontIsClear()
```

이 코드는 true(앞으로 이동해도 되는 경우)거나 false(앞으로 이동하면 안 되는 경우)이다. 이 조건은 불리언 변수를 돌려준다.

카렐을 줄 끝까지 보내는 코드를 작성한다고 가정해보자. '벽까지 이동' 프로그램은 처음에는 6×6짜리 세계에서 시작하지만, 세계의 종류가 달라져도 프로그램이 제대로 작동해야 한다.

| 프로그램: 벽까지 이동

6 × 6 세계

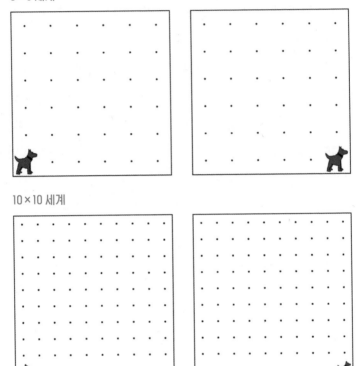

10 × 10 세계

코드는 다음과 같다.

```
while(frontIsClear())
{
    move();
}
```

이 while 루프에서 벌어지는 일은 다음과 같다. 맨 위에서 카렐은 "앞으로 가도 돼?"라고 물어본다. 질문에 대한 답이 "그렇다"인 경우, 중괄호 사이에 있는 모든 코드를 실행한다. 따라서 카렐은 "앞으로 가도 돼?"라고 물어본 다음, (답이 참인 경우) 움직인다. 그리고 다시 "앞으로 가도 돼?"라고 물어본 다음 움직인다. 이렇게 반복하다가 "앞으로 가도 돼?"에 대한 답이 "아니오"로 바뀐다. 이때 프로그램이 끝나고, 카렐은 세계의 맞은편에 도달한다.

자, 정리해보자. 루프에는 두 가지 유형이 있다. 정해진 횟수만큼 코드를 반복하고 싶으면 for 루프를, 어떤 조건이 참인 동안 코드를 반복하고 싶으면 while 루프를 쓴다.

························▷ **실전 연습**

루프

지금까지 배운 코드를 readwritecodebook.com에서 실행해보자. for 루프의 숫자를 변경해서 카렐이 반복하는 횟수를 바꿔보자.

| 조건 |

지금까지 카렐과 함께 몇 가지 이동 코드에 대해 배웠다.

명령은 기본적인 블록으로 카렐이 무엇을 할지 지시한다.

함수는 카렐이 이해할 수 있는 지시들을 나열해서 새로운 명령을 만들 수 있게 해준다.

루프는 카렐이 코드 블록을 반복하게 해준다. for 루프는 정해진 횟수만큼 코드를 반복하고, while 루프는 조건이 참인 동안 코드를 반복한다.

조건도 있다. 조건은 카렐이 세계에 대해 질문을 던질 수 있게 해준다. 조건을 사용하는 방법에는 몇 가지가 있다. 조건문의 아이디어는 어떤 조건이 참일 때만 정해진 코드를 실행한다는 것이다.

앞에서 세계에 대한 질문은 던지는 예제로 카렐이 앞으로 가도 되는지 물어보는 경우를 봤다. 다음은 카렐이 물어볼 수 있는 다른 질문이다.

```
frontIsClear()
frontIsBlocked()
ballsPresent()
noBallsPresent()
facingNorth()
facingSouth()
facingEast()
facingWest()
```

각각은 조건, 즉 카렐이 세계에 대해 물어볼 수 있는 질문이다. 예를 들어 현재 지점에 있는 공을 가져오고 싶다면, 먼저 공이 있는지 확인하고 싶을 것이다. 공이 없는데 공을 집으려고 하면 오류가 발생한다.

조건문이 하는 일은 어떤 조건이 참일 때만 코드를 실행하는 것이다. 조건문도 몇 가지 형식이 있다.

첫 번째는 if 문이 있다. if 문은 다음과 같다.

```
if(조건)
{
    코드
}
```

이 문장은 if의 조건이 참true일 때만 코드 블록을 실행한다. 조건에는 카렐이 물어볼 수 있는 아무 질문이나 넣어도 된다. 예를 들면 다음과 같다.

```
if(ballsPresent())
{
    takeBall();
}
```

다음으로 사용할 수 있는 조건문은 if/else문이다. if/else 문은 조건이 참일 때 어떤 일을 하고, 조건이 참이 아닐 때(즉, 거짓일 때) 다른 어떤 일을 하게 해준다. 공이 있으면 공을 집어 들고, 공이 없으면 공을 놓고 싶다고 하자. 이런 일을 하는 코드는 다음과 같다.

```
if(ballsPresent())
{
    takeBall();
}
else
{
    putBall();
}
```

else-if 문을 사용하면 여러 조건을 연쇄적으로 처리할 수 있다. else-if를 사용하면 조건을 하나하나 검사할 수 있고, 필요하면 맨 마지막에 항상 실행되는 else를 덧붙일 수 있다.

```
if(조건)
{
    코드
}
else if(조건)
{
    코드
}
else
{
```

```
    코드
}
```

| 제어 흐름 |

루프나 조건문은 명령의 순서를 정의하는 제어 구조다. 카렐은 명령어만 있는 프로그램을 실행할 때 프로그램 맨 앞에서부터 명령어가 적힌 순서대로 명령을 하나씩 실행한다. 하지만 프로그램의 명령이 실행되는 순서를 뜻하는 제어 흐름은 제어 구조에 의해 변경될 수 있다. 하나씩 명령을 순서대로 실행하는 대신, for 루프나 while 루프는 코드 블록을 반복 실행한다.

if나 if/else 문이 있으면 프로그램이 한 줄씩 순서대로 실행되지 않는다. 대신 질문의 결과에 따라 여기저기 다른 위치로 제어 흐름이 건너뛰게 된다.

카렐에 있는 제어 구조인 루프와 조건이 쓰이는 경우 프로그램 실행은 다음과 같이 이루어진다. 카렐이 질문을 시작한다. 그 질문의 결과에 따라 여러 다른 일이 벌어질 수 있다.

for 루프의 경우 나올 수 있는 질문은 "이 루프를 정해진 숫자만큼 반복했는가?"이다. 이 문제에 대한 답변인 "예" 혹은 "아니오"를 가지고 다음에 해야 할 일을 결정한다.

while 루프에서는 "이 조건이 참인가?"라는 질문을 던진 후 문제의 답인 "예" 혹은 "아니오"에 따라 다음에 할 일을 정한다.

if와 if/else 문에서는 "이 조건이 참인가?"라는 질문과 함께 참인 대답을 내놓는 if나 else-if 부분의 코드 블록을 실행한다.

| 하향식 설계 |

코딩을 배우는 가장 좋은 방법은 그냥 시도해보는 것이다. 이 책을 읽는 동안 여러분은 쉽게 따라 해볼 수 있는 여러 아이디어와 마주하게 될 것이다. 이제 기본적인 요소, 즉 명령, 함수, 루프, 조건을 배웠다. 그렇다면 어떻게 이런 요소를 버무려서 더 복잡한 프로그램을 작성할 수 있을까?

카렐이 테니스공으로 깃발 3개를 그리게 하는 프로그램을 작성한다고 해보자. 어떻게 이런 코드를 작성할 수 있을까? 한 가지 방법은 모든 개별 명령을 한 번에 하나씩 코드에 넣는 것이다. 하지만 이런 식으로 작성한 프로그램은 읽고 이해하기 어렵다.

이런 문제를 해결하는 더 나은 방법은 여러분이 원하는 프로그램을 좀 더 작은 문제로 나누는 것이다.

왼쪽에 있는 영역에서 시작해 오른쪽에 있는 영역에서 끝내

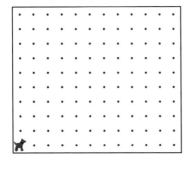 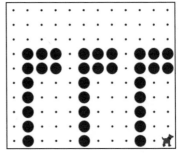

는 상황을 가정해보자. 오른쪽을 보면 카렐이 깃발 3개를 만들었다. 여기서 우리는 필요한 함수가 이미 있다고 상상한다. 그냥 카렐이 깃발을 만들게 하는 buildFlag()라는 함수가 있다고 가정할 것이다. 우리가 가장 먼저 시도해볼 것은 원하는 바를 영어(또는 우리말)로 더 높은 수준에서 묘사하는 것이다. 이런 묘사를 의사코드pseudocode라고 부른다. buildFlag() 함수가 있으면 프로그램을 짜기가 아주 쉽다. 그리고 다음 깃발 위치까지 이동하는 함수도 있다고 가정할 것이다. 하향식 설계top-down design를 할 때는 처음에 프로그램을 전반적으로 계획하고, 세부 사항을 어떻게 만족시킬지에 대한 고민은 잠시 접어둔다. 우리 프로그램의 의사코드는 다음과 같다.

이동
깃발 만들기
다음 깃발 위치로 이동
깃발 만들기
다음 깃발 위치로 이동
깃발 만들기

이 의사코드는 우리가 목표를 달성하기 위한 단계를 명확히 설명한다. 이렇게 작성한 코드의 각 줄을 함수 호출로 바꾼다. 아직 함수가 없어도 괜찮다. 나중에 함수를 작성할 것이다. 따라서 코드는 다음과 같다.[*]

```
move();

buildFlag();

moveToNextFlag();

buildFlag();

moveToNextFlag();

buildFlag();
```

이제 제법 코드다워졌다. 하지만 buildFlag() 함수가 없다! 따라서 이 함수를 추가해야 한다. 각각의 함수를 의사코드로 작성한 후 나중에 코드로 바꿀 수 있다. 먼저 buildFlag()를 작성하자.

```
// 깃발을 만들려는 위치의 맨 아랫줄에서 시작한다고 가정
   한다
// 깃발을 다 만든 다음에는 깃발 가장 오른쪽에 해당하는 열의
   맨 아랫줄에 위치한다고 가정한다
function buildFlag
   깃대 그리기
   사각형 그리기
   내려오기
```

＊　　영어로 의사코드를 작성하면 함수 이름을 꽤 쉽게 정할 수 있다. 하지만 한글로 의사코드를 작성한 경우에는 영어로 함수 이름을 정하기 어려울 수도 있다. 카렐이나 자바스크립트에서는 한글 이름도 허용하기 때문에 원한다면 한글로 함수 이름을 붙여도 된다. 그러나 대부분의 경우 코드 작성에 사용하는 주 언어는 영어다.

여기서 택한 전략은 5개의 공을 사용해 깃발 아래 위치한 깃대를 그린 후 3×2 직사각형을 그리는 것이다. 그다음 맨 아랫줄로 내려온다. 다음으로, 의사코드를 코드로 바꾼다.

```
function buildFlag()
{
    buildPole();
    buildRectangle();
    comeDown();
}
```

moveToNextFlag()는 간단하다. 그냥 두 번만 이동하면 된다.

```
function moveToNextFlag()
{
    move();
    move();
}
```

이제 buildPole() 코드를 작성하자. 이 과정에서 결정을 내려야 한다. 충분히 간단한 경우 (굳이 더이상 함수를 작성하지 않고) 코드를 작성할 수 있다. 하지만 복잡한 경우에는 해당 부분을 함수 호출로 남겨두고 나중에 작성할 수 있다. 이런 식으로 위에서 아래로(추상적인 설명이나 얼개 의사코드에서 구체적인 명령이 담긴 코드로) 진행하는 과정을 하향식 설계라고 부른다.[*]

```
// 공 5개를 세로로 늘어서 깃발을 만든다
function buildPole()
{
    turnLeft();
    for(var i = 0; i < 5; i++)
    {
        putBall();
        move();
    }
}
```

이제 buildRectangle()과 comeDown()을 작성하자.

```
// 테니스공으로 3x2 직사각형을 만든다
function buildRectangle()
{
    putBall();
```

[*]　　책에서는 자세히 설명을 않았지만, 각 함수가 끝난 시점에 카렐의 위치와 방향을 잘 따져봐야 한다. 예를 들어 buildFlag가 끝났을 때 카렐의 위치와 방향에 따라 다음 깃발을 찾아 이동하는 방식이 달라진다.

```
    move();

    putBall();

    turnRight();

    move();

    putBall();

    move();

    putBall();

    turnRight();

    move();

    putBall();

    turnRight();

    move();

    putBall();
}


// 카렐을 깃발 직사각형 오른쪽 끝
// 맨 아랫줄로 되돌린다
function comeDown()
{
    turnLeft();
    for(var i = 0; i < 5; i++)
    {
        move();
```

```
    }
    turnLeft();
    move();
}
```

이제 완전한 프로그램이 생겼다. 이를 사용하면 우리가 원하는 문제를 차근차근 풀 수 있다. 먼저 우리 말로 문제에 대해 생각해보고, 문제를 여러 단계로 분해하며, 분해한 각 단계를 코드로 작성한다. 다음은 전체 프로그램이다.

```
move();
buildFlag();
moveToNextFlag();
buildFlag();
moveToNextFlag();
buildFlag();

// 두 번 움직인다
function moveToNextFlag()
{
    move();
    move();
}
```

// 깃발을 만들려는 위치의 맨 아랫줄에서 시작한다고 가정
한다

// 깃발을 다 만든 다음에는 깃발 가장 오른쪽에 해당하는 열의
맨 아랫줄에 위치한다고 가정한다

```
function buildFlag()
{
    buildPole();
    buildRectangle();
    comeDown();
}
```

// 공 5개를 세로로 늘어서 깃발을 만든다

```
function buildPole()
{
    turnLeft();
    for(var i = 0; i < 5; i++)
    {
        putBall();
        move();
    }
}
```

// 테니스공으로 3×2 직사각형을 만든다

```
function buildRectangle()
{
    putBall();
    move();
    putBall();
    turnRight();
    move();
    putBall();
    move();
    putBall();
    turnRight();
    move();
    putBall();
    turnRight();
    move();
    putBall();
}


// 카렐을 깃발 직사각형 오른쪽 끝
// 맨 아랫줄로 되돌린다
function comeDown()
{
    turnLeft();
```

```
    for(var i = 0; i < 5; i++)

    {

        move();

    }

    turnLeft();

    move();

}


function turnRight()

{

    turnLeft();

    turnLeft();

    turnLeft();

}
```

··▷ **실전 연습**

프로그램 실험해보기

readwritecodebook.com에서 예제 코드를 찾아 깃발 만들기 Build Flags 프로그램을 실행해보자. 프로그램의 속도를 변경해서 명령어를 한 번에 하나씩 실행해보자.

| 문제 분해 |

프로그램 문제를 해결할 때 도움이 될 수 있는 관련 개념이 몇 가지 있다.

하향식 설계는 가장 높은 수준부터 시작해서 쉽게 풀 수 있는 더 작은 조각으로 조금씩 나눠서 해결하는 방법이다.

하향식 설계는 문제 분해와도 관련이 있다. 문제 분해는 더 일반적으로 문제를 해결하기 쉬운 더 작은 문제로 분해한다는 생각이다.

설계 과정에서는 의사코드라는 기법을 사용했다. 의사코드는 일상 언어(영어나 우리말)에 가까운 표현으로 문제 해법을 작성하는 것이다. 의사코드는 세부 문법을 신경 쓰지 않고 해결하려는 문제의 해법에 집중할 수 있는 방법이다.

코딩 문제뿐 아니라 다른 거의 모든 분야의 문제에 폭넓게 적용할 수 있는 기법이다.

생일 등 어떤 이벤트의 계획을 세워야 한다고 하자. 어떻게 해야 할까? 먼저 가장 높은 수준에서 계획을 시작하고 점차 세부 사항을 결정해나가면 된다.

생일 파티 계획을 세우기 위한 단계
날짜 선정
위치 선정
손님 초대

생일 케이크 마련

축하

문제에 대해 같은 수준에서 해결 단계를 생각한다. 각 단계는 (원래 문제보다) 좀 더 해결하기 쉽다. 그 후, 각 단계를 정확히 어떻게 처리해야 할지 알아낼 때까지 필요한 만큼 분해한다.

날짜를 선택하기 위한 단계

생일이 며칠인지 확인

생일과 가까운 주말을 나열

주말 중에 날짜를 선택

이런 식으로 분해하는 게 불필요해 보일 수도 있다. 하지만 이 전략의 멋진 점은 아주 복잡한 문제도 같은 방식으로 풀어낼 수 있다는 데 있다. 이 방법이 제대로 작동하는 이유는 호출하려는 함수가 이미 존재한다고 가정하고, 각 부분이 있는 경우 실제 문제가 풀릴 수 있다는 데 있다. 나중에 각 함수를 찾아서 작성하면 되는데, 각 함수는 (원래 문제보다) 훨씬 더 쉬운 문제가 된다.

영화를 만들고 싶다고 하자. 어떤 단계가 필요할까?

영화를 만들기 위한 단계

대본 작성

연기자 섭외

영화 촬영

영화 편집

물론 영화를 찍는 과정을 너무 쉽게 묘사하기는 했지만, 이런 문제 분해를 보면 복잡한 문제를 간단한 개념으로 추상화해 없애는 과정을 볼 수 있다. 그 후 각각의 아이디어를 실제로 이뤄낼 수 있다. 영화 촬영 단계를 더 세부적으로 나누고 싶다. 어떻게 해야 할까?

영화 촬영을 위한 단계

촬영 스케줄을 정함

첫 번째 장면 촬영

두 번째 장면 촬영

세 번째 장면 촬영

그렇다면 첫 번째 장면은 어떻게 촬영할까?

첫 번째 장면 촬영 단계

촬영 위치에 세트 등을 준비

첫 번째 장면에 등장하는 연기자를 불러옴

첫 번째 장면에 필요한 소품 준비

장면을 진행하면서 카메라로 찍음

현재 나는 실제로 영화를 어떻게 찍는지 잘 모른다. 하지만 이 전략을 사용하면 복잡한 문제를 점점 더 단순한 단계로 나눠서 해결할 수 있다. 이 과정은 여러분이 해결하고 싶은 문제나 여러분이 작성하고 싶은 함수에 대해 생각하는 경우와 마찬가지다. 이 전략을 통해 매우 어려운 프로그래밍 문제도 처리할 수 있다. 이런 과정에서 문제를 단순화할 때 중요한 요소는 각 함수가 이미 존재한다고 가정하고, 그런 함수들을 통해 실제 문제를 푸는 것이다. 그렇게 하고 나면 나중에 각각의 함수를 작성할 수 있다.

| 버그 |

프로그램을 작성해보면 컴퓨터가 아주 까다롭다는 사실을 알 수 있다. 프로그램은 항상 올바른 문법으로 쓰여야 한다. 프로그램에서는 컴퓨터가 이해할 수 있는 단어만 사용해야 한다. 따라서 여러분은 세부 사항에 세심하게 신경을 써야만 한다. 여러분이 작성한 프로그램이 처음부터 작동하면 좋겠지만, 그런 경우가 흔하지는 않다.

(IT 인물 사전)

그레이스 호퍼Grace Hopper
컴퓨터과학자이자 해군 제독. 하버드 마크 I 컴퓨터를 최초로 프로그래밍한 프로그래머이기도 하다. 그는 프로그래밍 언어와 기계어의 분리라는 개념을 널리 알리는 데 기여했다.

코드가 작동하지 않거나, 여러분이 원하는 일을 수행하지 못하거나, 실행 중에 오류가 발생하는 경우를 버그bug라고 부른다.

1946년 하버드 마크 II에서 작업하는 과정에 그레이스 호퍼가 '버그'라는 용어를 처음 사용했다. 실제로 기계 안에 나방이 끼어서 컴퓨터가 작동을 하지 못했던 데서 유래했다고 한다.

카렐에서도 몇 가지 유형의 버그를 볼 수 있다. 카렐이 움직일 때 앞에 벽이 있으면 카렐은 벽에 충돌하며 프로그램이 종료된다. 이런 버그를 피하려면 격자를 살펴보거나 조건문을 사용해 진행해도 괜찮은지 판단해야 한다. 카렐이 공을 주우려 해도 해당 지점에 공이 놓여 있지 않다면 역시 오류가 발생한다. 한편 여러분이 카렐이 어떤 일을 했으면 하고 바라는데 프로그램이 실제그 일을 해내지 못한다면 이 역시 버그다.

| 주석 |

프로그램을 작성하는 일은 실제로 컴퓨터가 실행할 코드, 즉 명령을 작성하는 것이다. 각 줄은 컴퓨터가 이해할 수 있는 내용이어야 한다. 하지만 프로그램을 작성하다 보면 코드가 어떤 일을 하거나, 함수가 어떻게 작동하는지에 대한 내용을 메모하여 남겨두고 싶을 수 있다. 이런 경우 주석을 작성하면 된다. 주석comment은 프로그램의 일부분이지만 실제 컴퓨터가 코드를 실행할 때는 무시되는 부분이다. 주석은 여러분 자신, 다른 프로그래머 또는 나중에 코드를 다뤄야 하는 사람에게 남기는 메모다. 프

로그램이 복잡하면 복잡해질수록 주석을 남기는 게 중요해진다. 주석을 남기면 코드를 더 쉽게 이해할 수 있기 때문이다.

자바스크립트로 되어 있는 카렐에서는 줄 맨 앞에 슬래시/를 두 개 연달아 사용해 메모를 작성함으로써 한 줄짜리 주석을 만들 수 있다. 컴퓨터는 이 부분을 무시하므로, 이 부분은 단순한 메모 역할을 한다.

```
// 이 부분은 주석이다
```

함수가 하는 일을 기술하려고 한다면 다음처럼 주석을 작성할 수 있다.

```
// 이 함수는 카렐을 앞으로 7칸 움직인다
```

주석을 작성하는 방법은 다양하다. 자바스크립트에서 여러 줄에 걸쳐 주석을 작성하려면 다음과 같이 한다.

```
/*
주석이 여기 들어간다
*/
```

| 입력과 출력 |

지금까지 카렐의 기본 빌딩 블록을 살펴봤다. 카렐은 자바스크립트라는 프로그래밍 언어로 되어 있기 때문에, 카렐의 빌딩 블록은 자바스크립트의 빌딩 블록이기도 하다. 여러 프로그래밍 언어의 겉모습이 달라보이거나 각 언어를 이루는 부품이 다를 수 있지만, 결국에는 모두 이런 기본 빌딩 블록으로 구성돼 있기 마련이다. 여기서 보여준 내용을 넘어서는 고급 주제들이 많이 있지만, 출발점은 여기서 설명한 내용들이다.

자바스크립트에서 쉽게 이용해볼 수 있는 개념이 몇 가지 더 있다. 이런 개념을 알아두면 특히 앞으로 헤쳐나가야 할 코딩의 세계에서 도움이 된다.

다음으로 알아둬야 할 개념은 입력과 출력이다. 입력은 사용자로부터 여러분(프로그램)이 정보를 얻는 것을 뜻한다. 입력에는 마우스의 움직임, 버튼 클릭, 키보드 타이핑 등이 포함된다.

반대로 출력도 있다. 출력은 사용자에게 여러분(프로그램)이 보여주거나 돌려주는 모든 것을 뜻한다. 출력에는 텍스트를 인쇄하거나, 화면에 그림을 그리는 등이 포함된다.

각 프로그래밍 언어를 써서 가장 먼저 작성하는 프로그램이 출력을 테스트하는 프로그램인 경우가 많다. 'Hello world'나 다른 메시지를 화면에 출력하고 싶을 수 있다. 앞에서 본 것처럼 'Hello world'를 화면에 출력하기 위해서는 다음과 같은 코드를 작성해야 한다. 자바스크립트에서는 다음과 같다.

```
console.log("Hello world");
```

파이썬에서는 다음과 같다.

```
print("Hello world")
```

자바에서는 이렇게 한다.

```
System.out.println("Hello world");
```

지금까지 이 책에서 새로 배운 단어들을 생각하면, 방금 본 모든 코드가 함수 호출임을 알 수 있다. 우리는 각 프로그래밍 언어에서 print 함수나 그와 비슷한 역할을 하는 함수를 호출하면서 화면에 출력할 내용을 파라미터parameter로 함수에 전달한다.

사용자 입력을 얻고 싶다고 하자. 예를 들어 사용자 이름을 입력받고 싶다. 언어에 따라 이를 다른 방식으로 처리한다. 먼저 파이썬을 살펴보자.

```
name = input("What's your name? ")
print("Hello " + name)
```

자바스크립트는 다음과 같다.

```
var name = prompt("What's your name?");
console.log("Hello " + name);
```

자바에서는 이렇다.

```
Scanner scanner = new Scanner(System.in);
System.out.println("What's your name? ");
String name = scanner.nextLine();
System.out.println("Hello " + name);
```

코드를 보면 일부 언어가 다른 언어보다 더 시작하기 쉽다
는 점을 알 수 있다. 자바의 경우, 나는 다른 방법으로 진행하는
걸 선호하는데, 바로 사용자 입력을 처리하는 함수를 작성해서
Scanner 등을 사용하는 복잡한 과정을 추상화하는 방법이다. 이
런 함수가 있다면 다음과 같이 코드를 작성할 수 있다.

```
// 미리 작성한 input 함수를 사용하는 자바 코드
// 내부 동작을 감춰주므로 바람직함
String name = input("What's your name? ");
println("Hello " + name);
```

이 코드를 보면 추상화가 프로그래밍에서 문제를 푸는 핵심
방식임을 알 수 있다. 맨 밑바닥부터 모든 것을 새로 만들 필요는

없다. 실제로 아무도 그렇게 하지 않는다!

사람들은 항상 다른 사람이 미리 만들어둔 요소들을 가지고 프로그램을 작성한다. 전문 프로그래머들도 2진수(기계어)로 프로그래밍하지 않는다. 대부분 기존 라이브러리를 활용하는 게 일반적이다.

프로그래밍을 가르치는 교사들이 기존 기능을 활용한 코드를 보면서 "하지만 실제로 이런 식으로 작동하는 건 아니잖아요? 그렇죠?"라고 물어볼 수도 있겠지만, 사실은 기존 기능을 활용하는 방식이 프로그램이 정말로 작동하는 방식을 좀 더 잘 보여준다.

| 변수 |

프로그래밍 언어로 수학 문제를 풀고 싶다고 하자. 프로그래밍 언어는 이미 이런 수학 계산을 제공한다. 그래서 자바스크립트나 파이썬에서 다음과 같이 쓸 수 있다.

```
2 + 2
```

한 줄이지만 이 코드는 올바른 코드다. 이 식을 출력하면 4가 표시된다. 하지만 여러분이 내게 어떤 수를 주고 그 수의 두 배가 무엇인지 물어본다면 어떻게 해야 할까? 10을 주면서 두 배를 알려달라고 주문하면 다음 계산으로 결과를 얻을 수 있다.

```
10 * 2
```

결과는 20이다. 하지만 '15의 두 배는 무엇일까?'라는 질문을 받으면 다음과 같이 계산해야 한다.

```
15 * 2
```

하지만 이런 계산은 그리 일반적이지 못하다. 수와 관계없이 두 배를 계산하고 싶다면 어떻게 해야 할까? 프로그래밍에서는 변수를 사용해 이런 계산을 표현할 수 있다. 변수variable는 나중에 사용하기 위해 값을 저장하는 수단이다. 변수에는 보통 타입 type이라는 속성이 따라온다. 타입이란 변수에 들어갈 수 있는 값의 종류를 뜻한다. 예를 들어 숫자, 문자, 불리언(참/거짓) 등이 타입이라 할 수 있다. 변수를 새 프로그램에서는 다음과 같이 두 배를 계산하는 코드를 작성할 수 있다.

```
num * 2
```

num은 여러분이 두 배로 하고 싶은 값이다. 사용자에게 두 배로 하고 싶은 값을 물어보고 싶다면 다음과 같이 코드를 작성할 수 있다.

```
var num = prompt("What number do you want
```

```
me to double?");
var doubledNumber = num * 2;
```

여기서 num은 변수이고, doubledNumber도 변수다. 자바스크립트에서 변수는 이름, 타입, 값이 있다.

이름	num
타입	number
값	5

이름	doubledNumber
타입	number
값	5

그리고 다음과 같이 결과를 화면에 출력할 수 있다.

```
console.log(doubledNumber);
```

이외에도 더 많은 일을 할 수 있다. 하지만 기본은 이렇다.

지금은 아니지만 나중에 필요한 수가 있고, 나중에 수를 변경해야 하는 경우도 있고, 아직 값이 뭔지 알지 못하는 수를 표현해야 하는 경우도 있다. 이런 값을 담기 위한 장소로 변수를 선언하고, 값을 저장할 수 있다. 이런 동작을 값을 변수에 대입한다라고 말한다.

```
var num = 5;
```

이 코드는 변수 num에 5라는 값을 대입하는 방법을 보여준다. 그리고 변수를 갱신update해서 변수에 들어있는 값을 새 값으로 바꿀 수 있다.

```
num = 10;
```

변수가 이미 생겼기 때문에 갱신할 때는 var를 쓰지 않는다.

| 파라미터 |

함수와 변수를 배웠다. 다음으로 할 일은 파라미터를 통해 함수와 변수를 함께 사용하는 것이다. 파라미터parameter는 함수가 받는 입력이다. 원래 일반 함수는 여러분이 호출하면서 무언가를 입력으로 제공하면 그에 따른 결과를 돌려주는 존재다. 함수를 어떤 일을 도와주는 친구라고 생각할 수 있다. 두식이라는 친구가 있는데 취미가 숫자의 두 배를 계산하는 것이라 하자. 두식이가 두 배 값을 어떻게 계산하는지 그 비밀까지 여러분이 알 필요는 없다. 여러분이 알아야 하는 건 두식이에게 어떤 수(파라미터)를 주면 결과(반환 값return value)를 돌려준다는 것뿐이다.

이제 여러분과 두 배 값을 계산해주는 두식이의 대화는 다음과 같다.

여러분	두식이 안녕. 어떤 수의 두 배를 계산해줄 수 있어?
두식	물론, 당연하지.
여러분	두식, 7149의 두 배는 뭐지?
두식	답은 14298이야.
여러분	와 대단한데!

두식이는 함수고, 여러분은 함수를 호출해서 도움을 받는다. 이 과정을 자바스크립트에서 코드로 표현하려면 다음과 같이 쓸 수 있다.

```
function doubleNumber(x){
    var doubled = x * 2;
    return doubled;
}
```

이 함수는 카렐에서 만든 함수와 똑같지만 입력, 즉 파라미터를 받는다는 점이 다르다. 여기서는 파라미터를 x라고 부르기로 했다. 이 함수를 호출, 즉 함수를 사용하는 방법은 다음과 같다.

```
var result = doubleNumber(17);
```

두 배 계산하기

홈페이지에 들어가 이번 장의 예제 부분을 열어 두 배 계산하는 프로그램을 시험해보자. 숫자를 입력하고 프로그램이 어떻게 작동하는지 살펴보자. 이제 이 프로그램을 변경해서 세 배나 네 배를 계산하는 코드를 작성할 수 있는가?

| 배열 |

변수는 나중에 사용할 수 있게 값을 저장하게 해준다. 프로그램에 필요한 요소를 추적하기 위해 많은 변수를 만들 수 있다. 시험 성적을 관리하는 프로그램을 작성한다고 해보자. 성적 계산 결과를 grade라는 변수에 다음과 같이 저장할 수도 있다.

```
var grade = 90;
```

학생이 두 명 이상이라면, 다음처럼 작성할 수 있을 것이다.

```
var grade2 = 78;
var grade3 = 95;
```

학생 수가 늘어나면 이런 방법은 금방 쓸모가 없어진다. 학생이 100명이라면? 이름이 다른 변수를 100개 만들어야 한다. 이런 경우 리스트list나 배열array이 유용하다. 성적을 저장하기 위한 리스트는 다음과 같이 만들 수 있다.

```
var grades = [90, 78, 95];
```

이제는 리스트의 각 원소에 쉽게 접근할 수 있다. 특정 원소에 접근하는 과정을 인덱싱indexing이라고 부른다. 인덱스는 0부터 시작한다. (코딩을 할 때는 보통 0부터 숫자를 센다는 점을 기억하자.)

인덱스	0	1	2
값	90	78	95

배열 값에 다음처럼 접근할 수 있다.

```
grades[0]
```

이 식은 배열의 첫 번째 원소인 90을 얻는다. 이렇게 얻은 값을 변수에 넣으려면 다음처럼 코드를 쓸 수 있다.

```
var studentGrade = grades[0];
```

구매 목록을 다음처럼 작성했다고 하자.

```
var groceries = ['사과', '바나나'];
```

인덱스	0	1
값	사과	바나나

배열 원소를 다음처럼 바꿀 수도 있다.

```
groceries[1] = '오렌지';
```

이제 인덱스 1에 있는 원소는 오렌지다.

인덱스	0	1
값	사과	오렌지

새로운 항목을 구매 목록에 추가할 수도 있다.

```
groceries.push('키위');
```

목록은 다음처럼 바뀐다.

인덱스	0	1	2
값	사과	오렌지	키위

| 객체와 사전 |

여기서 다룰 주제보다 더 많은 프로그래밍 관련 주제가 있지만, 우리가 알려주는 내용이 여러분이 프로그래밍을 잘 다루게 되는 기초가 될 것이다. 여러분이 자주 쓰게 될 필수적인 데이터 구조로 리스트, 즉 배열이 있다. 여러분이 키와 값을 연관시켜 저장해야 할 때 사용할 수 있는 중요한 데이터 구조가 있다. 프로그래밍 언어가 달라지면 이런 데이터 구조를 부르는 이름도 달라지는데, 자바스크립트에서는 이런 데이터 구조를 객체object라고 부르고, 파이썬에서는 사전dictionary이라고 부른다.*

객체나 사전을 전화번호부에 비유할 수 있다. 전화번호부는 연관 관계를 저장해야 하기 때문에 키-값 쌍이 들어 있다. 전화번호부는 어떤 이름(키)에 전화번호(값)를 이어준다. 파이썬에서는 다음처럼 전화번호부를 만들 수 있다.

```
phonebook = {}
```

---

*   엄밀히 따지면 프로그래밍에서 리스트와 배열은 성격이 다른 데이터 구조다. 둘 다 원소를 여럿 저장하고 인덱스로 원소를 얻을 수 있다는 점은 같지만, 데이터를 얻어오는 빠르기나 메모리 사용량, 새로운 데이터를 추가하는 빠르기 등에서 차이가 있다. 사실 대부분의 프로그래밍 언어에서는 리스트와 배열이 서로 다른 데이터 구조인데, 자바스크립트에서는 리스트와 배열이 같은 데이터 구조라서 이 책에서는 리스트와 배열을 같은 것이라고 이야기한다. 마찬가지로 파이썬과 같은 대부분의 언어에서는 객체와 사전이 서로 다른 데이터 구조이지만, 자바스크립트에서는 객체와 사전이 같다. 하지만 객체나 사전이나 키와 값을 연관시켜주는 데이터 구조라는 점은 동일하다.

그리고 전화번호를 저장할 수 있다.

```
phonebook['응급상황'] = '119'
```

다른 번호를 저장할 수도 있다.

```
phonebook['오현석'] = 'xxx-xxxx'
```

사전에서 어떤 사람의 전화번호를 얻을 수 있다.

```
hyunsokNumber = phonebook['오현석']
```

이제 전화번호부를 출력해보자.[*]

```
print(phonebook)
{'응급상황': '119', '오현석': 'xxx-xxxx'}
```

| 추상화 |

지금까지 간단한 프로그래밍에 대해 설명하면서 기본적인 프로그래밍 개념을 이야기했다. 하지만 이런 지식만으로는 전문가

＊   print(phonebook)는 코드이고, 다음 줄은 코드를 실행하면 나오는 화면 출력이다.

가 되기에 충분치 못하다, 아직은. 하지만 지금까지 배운 내용이 여러분이 코딩의 세계에서 어디로 가야할지 방향을 잡는데는 충분할 것이다. 이 모두는 빌딩 블록을 만들고 천천히 빌딩 블록을 함께 조립해 프로그램을 만드는 방법일 뿐이다.

여러분은 컴퓨터화된 강아지 카렐을 통해 코드가 명령으로 이뤄지며 함수를 통해 새 명령을 만들 수 있다는 점을 배웠다. 루프를 통해 코드를 반복 실행할 수 있고, 조건문을 통해 의사결정을 할 수 있다. 그리고 여러분의 문제를 하향식 설계와 문제 분해를 통해 더 작은 문제로 나눠서 해결한다. 사용자 입력을 요청하고, 입력과 출력을 표시할 수 있다. 나중에 사용하기 위해 수를 변수에 저장할 수 있고, 파라미터를 통해 함수에 입력을 제공하고 함수가 반환하는 결과를 돌려받을 수 있다. 배열에 값의 목록을 저장하거나 키-값 쌍을 사전이나 객체에 저장할 수도 있다. 이 모두는 코딩 기초 과목에서 한두 학기 동안 다뤄야 하는 내용이다.

하지만 더 큰 아이디어가 있다. 점차 코딩 개념에 익숙해짐에 따라 이런 아이디어가 여기저기서 튀어나오는 모습을 보게 될 것이다. 코드와 컴퓨터과학 세계를 관통하는 이 아이디어가 바로 추상화다.

어떤 수의 두 배를 구해주는 우리 친구 두식이는 추상화다. 우리는 두식이가 어떻게 두 배를 계산하는지 모른다. 하지만 두식이가 두 배를 계산할 수 있다는 사실은 안다. 두식이에게 수를 주면 두식이는 그 수의 두 배를 돌려준다. 아무리 복잡한 문제라도 추상화와 함수라는 개념이 있다면 해결할 수 있다.

달력을 좋아하는 달자라는 친구가 있다고 하자. 두배돌이 두식이와 달력순이 달자는 모두 독특한 기술이 있고 그 기술과 두운이 맞는 이름을 가진다. 달자도 특별한 기술이 있다. 어떤 날짜를 선택하면 달자가 그 날까지 남은 날수를 계산해준다. 오늘이 2020년 8월 15일이라고 하자. 다음은 달자와 여러분 사이의 대화다.

여러분	2030년 8월 15일까지 며칠 남았지?
달자	3653일
여러분	와, 좋아. 그럼 2065년 1월 1일까지는 며칠이 남았지?
달자	16211일

여기서 달자는 함수와 같다. 달자에게 파라미터로 여러분이 원하는 날짜를 전달하면 달자는 마술처럼 남은 기간을 계산해 결과를 여러분에게 알려준다.

이런 아이디어가 반복해서 나타난다. 자바스크립트나 파이썬 같은 프로그래밍 언어로 코드를 작성할 것이다. 이런 언어를 고수준 언어라고 부른다. 하지만 자바스크립트로 코드를 작성할 때 멋진 점은 키보드가 어떻게 작동하는지에 대해 신경 쓰지 않아도 된다는 점이다. 그리고 운영체제가 어떻게 작동하는지 꼭 알아야 하는 것도 아니다. 또, 브라우저가 웹페이지를 어떻게 그리는지 알 필요도 없다. 시간이 지나면서 이런 요소들에 대해 더 잘 이해하기 위해 이런 내용을 배우고 싶어질 수는 있다. 하지만 여러분이 사용 중인 대상, 즉 여러 함수나 도구, 여러분에게 주어진 라이브러리나 API 등을 그냥 사용하면 되고, 각각이 어떻게 작동하는지에 대한 세부 사항은 추상화해 무시해도 된다. 카렐과 마찬가지로 프로그래밍 언어마다 서로 다른 내장함수를 제공한다.

이 아이디어를 내재화할 수 있다면 추상화는 아주 강력해진다. 추상화는 누군가 작성한 라이브러리나 함수를 선택해서 그 내부 동작을 정확히 알 필요 없이 사용해도 된다는 뜻이다. 여러분이 카렐에서 하향식 설계를 할 때 택했던 방법과 똑같다. 이런 세부적인 문제를 추상화해 무시하고 나면 여러분이 원하는 수준에서 문제를 해결하는 데 생각을 집중할 수 있다.

이번 장에서는 카렐을 통해 프로그래밍을 좀 더 친근하게 시작했고, 프로그래밍의 기본 개념을 구축했으며, 배운 개념을 연습하고 적용하기 시작했다.

5장

데이터, 클라우드, 오픈소스

• • •

CodeHS 초기에 실수로 사이트의 거의 모든 데이터를 지운 적이 있다. 실수로 사용자 계정, 과목과 반, 그리고 데이터베이스에 있던 거의 모든 데이터가 지워졌다. 이로 인해 사이트가 동작을 멈췄지만, 사실 실제 지우고 싶었던 내용은 한 가지뿐이었다. 우리는 아주 당황했지만 다행히 데이터베이스 복사본이 하나만 있는 게 아니었다. 당시 데이터베이스를 클라우드로 백업하고 있었다. 덕분에 몇 시간 후 이전 상태로 사이트를 복구할 수 있었다.

| 디지털 데이터 |

컴퓨팅에서 데이터는 비트 순서일 뿐이다. 그 자체로는 아무런 의미도 없다. 하지만 해석하는 방법을 알면 데이터도 정보가 된다.

숫자는 데이터다. 단어도 데이터일 수 있다. 하지만 숫자나 단어를 수백만 개 모아둔 그룹도 데이터일 수 있다.

프로그램 자체도 데이터다. 이 개념은 약간 혼동을 주지만, 컴퓨터가 데이터를 처리하는 방법을 알려주는 비트들도 역시 데이터다.

전화할 때 여러분이 말한 소리는 데이터로 변환되어 전송되고 해석된다. 사이트에서 상품을 구매하면 거래 내역이 기록에 남는다. 컴퓨터에서 여러분이 한 행위는 모두 데이터를 생성한다. 이미지 파일도 데이터고, 전자책도 데이터이며, 트윗, 타임스탬프, 전자우편, 모임 초대 등도 모두 데이터다. 클릭, 위치, 평점, 리뷰도 모두 데이터다. 이런 데이터는 처리되고, 변환되며, 전송되고, 저장되고, 사용되고, 심지어는 오남용될 수도 있다. 하지만 디지털 세계가 데이터를 휘저어 무언가를 만들어내는 공장이라고 이해하는 것이 중요하다.

구글, 페이스북, 아마존, 네이버, 카카오 등의 큰 기술 기업들은 데이터를 통해 사업을 이어가고 있다. 이들이 보유하고 있는 데이터에는 사람들의 구매, 검색, 친구, 좋아요 클릭, 마우스 버튼 클릭, 파일 다운로드, 위치 정보 등이 있다.

여러분의 컴퓨터나 스마트폰에서 저장된 데이터는 하드드라이브HDD나 고체 상태 드라이브SDD에 있다. 하지만 여러분의 데이터 중 상당 부분은 더이상 여러분이 사용하는 장치에 존재하지 않는다. 이런 데이터는 데이터베이스나 클라우드에 존재한다.

| 데이터베이스 |

여러분은 0과 1로 시작해 비트와 바이트를 구성하고, 메가바이트와 기가바이트를 만들어낸다. 그 후에는 어떻게 해야 할까? 파일을 여러분이 해온 것처럼 여러분 자신의 컴퓨터에 저장할 수 있다. 하지만 웹사이트는 여러분의 정보를 어떻게 저장할까?

웹사이트는 사용자나 계정 정보 등의 모든 정보를 데이터베이스에 저장한다. 스프레드시트를 사용해본 사람이라면, 데이터베이스database를 아주 큰 스프레드시트라고 생각할 수 있다. 여러분 자신의 웹사이트가 있다고 치자. 그 웹사이트는 사용자 계정 정보를 포함한다. 여러분이 사용하는 큰 스프레드시트의 각 줄, 또는 데이터베이스의 각 줄*은 각 사용자의 계정을 표현한다. 스프레드시트의 각 열은 이름, 전자우편, 사용자 이름 등 여러분이 사용자 계정에 대해 저장하고 싶은 무언가를 표현한다. 실제로 데이터베이스는 이런 것이다. 데이터베이스는 아주 거대해질 수 있지만(수백 명에서 수십억 명에 이르는 사용자 계정 정보를 저장할 수도 있다), 실제로는 스프레드시트처럼 표 형태로 데이터를 정리한 것에 불과하다.

데이터베이스 자체는 소프트웨어 애플리케이션이다. 잘 알려진 데이터베이스 애플리케이션에는 MySQL과 Postgres가 있다.

---

*   프로그래머들끼리 이야기할 때는 데이터베이스 테이블의 각 줄과 열을 영어 단어를 음차해 로row와 칼럼column이라고 부르기도 한다.

이들은 데이터를 효율적으로 저장하고 읽어오는 방법을 알아내 처리한다. 이들은 데이터 저장 방법이라는 문제를 추상화해 무시할 수 있게 해주며, 여러분이 정보를 저장했다가 나중에 읽어올 때 쓸 수 있는 함수나 API를 제공한다. 데이터베이스 질의는 데이터베이스에 질문을 던지고 싶으면 데이터베이스 질의query를 작성할 수 있다.예를 들어 "번호가 5번인 사용자의 정보를 가져올래?"라고 물어볼 수 있다. 이런 질의는 어떻게 생겼을까? SQL은 질의용 언어로, 데이터베이스와 여러분 사이의 인터페이스를 담당하는 프로그래밍 언어다. 앞의 질의를 다음처럼 SQL로 작성할 수 있다.

```
SELECT * FROM UserTable WHERE ID = 5;
```

대문자로 쓴 단어는 키워드로 질의 언어에서 미리 정해진 의미가 있는 특별한 단어다. UserTable은 데이터베이스 테이블, 즉 큰 스프레드시트의 이름이며, 모든 사용자 계정 정보를 저장한다. ID는 데이터베이스의 열column이라고도 하고 필드field라고도 하는데, 이 코드는 ID 번호가 5번인 사용자를 검색한다. 이 질의는 다음 내용을 반환할 수 있다.

UserTable

ID	first_name	last_name	username
5	Jeremy	Keeshin	jeremykeeshin

데이터베이스는 이런 식이다. 여러분이 사용하는 데이터의 크기가 커지면 이를 데이터베이스에 저장한다. 그리고 데이터베이스에 있는 데이터를 처리하고, 시각화하고, 변환하는 온갖 도구가 존재한다. CodeHS 사이트에서는 MySQL 데이터베이스를 사용한다. CodeHS의 데이터베이스에는 테이블이 수백 개가 있으며, 그중 하나는 방금 보여준 테이블과 비슷하게 사용자 계정 정보를 보관하는 테이블이다. CodeHS 사이트 사용자가 수백만 명이기 때문에, 이 데이터베이스 테이블에는 수백만 개의 줄이 있다. 우리 테이블에도 ID 필드가 있다. 테이블에서 편리하게 어떤 줄을 유일하게 식별할 수 있도록 ID처럼 숫자로 된 열을 두는 경우가 흔하다.

| 빅데이터 |

데이터와 데이터베이스에 대해 배웠다. 그렇다면 빅데이터는 무엇일까? 얼마나 데이터가 커야 '빅데이터'라고 인정할 수 있을까? 여러분이 하는 일은 모두 데이터를 생성한다. 전화를 가지고 여기저기 돌아다니면 여러분의 GPS 위치가 계속 추적된다. 여러분의 폰은 하루 수천 번 위치를 추적하는데, 위치 추적 기능이 있는 전화기를 사용하는 사람들의 전화는 모두 같은 일을 수행한다. 그렇다면 수많은 사람들의 위치 데이터를 다 합친다면 어떤 일이 벌어질까? 이런 데이터가 빅데이터다. 수백만에서 수십억에 이르는 사용자의 데이터들을 모으면 빅데이터가 된다.

구글에서는 매초 4만 건의 검색이 이루어진다. 이는 매일 40억 건, 매해 1조 건에 해당하는 양이다. 이런 데이터가 빅데이터다. 이런 전혀 새로운 수준의 데이터가 있다면(크기가 기가바이트나 테라바이트를 훌쩍 넘어선다) 데이터가 함의하는 바가 아주 달라진다. 데이터가 커지면 질문이 이렇게 바뀐다. 대체 이렇게 큰 데이터를 어떻게 분석하고, 여러 다른 알고리즘이나 AI 기법에 데이터를 적용하고 모니터링하며 저장하고 삭제할 수 있을까?

새로운 정보 경제를 가능하게 하고 활성화하는데 빅데이터가 큰 몫을 차지한다. 하지만 빅데이터에는 수많은 위험도 따른다. 어떻게 데이터를 수집할까? 어떤 데이터가 수집되는지는 명확한가? 자신에 대해 어떤 정보가 수집되는지에 대해 깨닫지 못하는 사람들이 많다. 그리고 빅데이터를 강력한 감시수단이라고 간주할 수도 있다. 우선, 어디에 데이터를 저장해야 할까?

| 클라우드 |

여러분은 '클라우드'라는 말을 들어본 적이 있을 것이다. 클라우드란 무엇일까? 클라우드는 일반적인 용어다. 물론 클라우드는 분명 기술적인 용어로, 하늘의 구름을 뜻하지는 않을 것이다. 그렇다면 클라우드란 무엇일까?

클라우드는 여러분의 컴퓨터에서 실행되지 않고 어떤 기업의 서버에서 실행되며, 웹브라우저를 통해 여러분이 접근할 수 있는 소프트웨어 앱을 말한다. 이 말은 앱을 다운로드하거나 여러분의 파일을 여러분의 컴퓨터에 저장하지 않고 인터넷상의 다른 어딘가에 저장한다는 뜻이다. 따라서 (어디에 가든 인터넷을 통해) 언제든 이런 파일이나 앱에 접근할 수 있다.

파일을 여러분의 컴퓨터에 저장했는데 컴퓨터를 잃어버리거나 컴퓨터가 고장 나면 파일도 사라진다. 따라서 파일 저장은 클라우드에 적합한 앱이라 할 수 있다. 인터넷 기업이자 앱인 드롭박스dropbox는 파일을 클라우드(실제로는 드롭박스 회사의 컴퓨터)에 저장해준다. 구글 드라이브나 아이클라우드도 마찬가지다.

클라우드의 명확한 이점으로는 사용자가 더 편해진다는 점을 들 수 있다. 사용자는 백업backup에 신경을 쓰지 않아도 되고, 자신의 컴퓨터에 충분한 저장 공간이 있는지 혹은 컴퓨터 계산 성능이 충분한지에 대해 고민하지 않아도 된다. 이런 클라우드 애플리케이션들은 대부분 웹사이트를 통해 상호작용을 하기 때문에 저장장치나 복잡한 계산을 서버에서 알아서 처리해준다.

클라우드의 단점은 데이터가 여러분의 컴퓨터가 아닌 다른 어딘가에 있기 때문에, 데이터를 완전히 여러분의 마음대로 제어할 수 없다는 데 있다.

| 클라우드란 무언인가 |

이제 클라우드가 어디에 있는지 궁금할 것이다. 이 질문은 거대한 질문이다. 클라우드를 찾다 보면 결국 전 세계에 흩어진 여러 창고를 찾게 될 것이다. 이런 창고를 데이터센터라고 부른다.

데이터센터에는 수많은 컴퓨터가 있고, 이 컴퓨터들은 인터넷에 연결되어 있으며 이 컴퓨터에 많은 것이 저장된다. 따라서 클라우드는 여기저기 흩어져 있는 수많은 컴퓨터다. 서버와 마찬가지로 클라우드도 다른 누군가의 컴퓨터다. 하지만 여러분이 기업이라면 여러분 자신의 클라우드를 관리할 수도 있다. 이 경우는 실제로는 웹사이트나 애플리케이션을 가능하게 하는 하위 기술을 제공하는 여러분 자신의 서버나 하드웨어를 관리하는 것이다. 다행인 것은 여러분 자신의 웹사이트를 만들 때 직접 서버를 설정하거나 데이터센터를 짓지 않아도 된다는 데 있다. 여러분은 이미 존재하는 데이터센터와 서버를 활용할 수 있다. 예를 들어 CodeHS의 서버는 AWS에서 실행된다. 따라서 우리 서버는 아마존의 클라우드를 사용 중이다. 이 말은 아마존이 우리 애플리케이션을 실행하기 위해 설정해준 컴퓨터를 편하게 사용하고, 우리가 직접 컴퓨터를 설정하지 않는다는 뜻이다.

그렇다면 '클라우드'는 무엇일까? 클라우드는 인터넷을 비유하는 단어로, 인터넷 초창기부터 컴퓨터 네트워크에 대한 그림을 그릴 때 사용되던 구름 모양 그림에서 왔다. 부분적으로는 클라우드라는 비유는 여러분이 클라우드 내부의 세부 사항에 대해 신경을 쓰지 않아도 된다는 사실을 의미한다.

| AWS |

왜 여기서 AWS를 언급해야 할까? 도대체 AWS가 무엇일까?

AWS는 아마존 웹서비스Amazon Web Service의 줄임말이다. AWS는 아마존의 클라우드 컴퓨팅 서비스 사업의 이름이다. AWS에는 다양한 제품이 포함된다. AWS는 클라우드 컴퓨팅을 제공하는 가장 유명한 회사다. 서버가 필요한데 직접 서버를 관리하고 싶지는 않을 때 AWS를 쓰는 경우가 많다. CodeHS 사이트도 AWS에 구축됐다. 즉, 우리 사이트는 AWS 안에 있는 서버, 데이터베이스 등 다양한 구성 요소를 사용 중이다.

| 데이터센터 |

클라우드라는 개념은 이렇게 비정형적인 개념이다. 클라우드는 웹이며, 다른 어딘가에 존재하지만 여러분 옆에 있지는 않은 어떤 것이다. 하지만 클라우드는 정형적 개념이기도 하다. 클라우드는 물리적으로 실존하며, 데이터센터에서 그런 모습을 가장 잘 볼 수 있다. 하지만 데이터센터는 클라우드라는 비 물리적인 개념과는 정반대의 느낌이다.

그렇다면 이제 데이터센터는 무엇일까? 데이터센터는 수많은 컴퓨터와 이런 컴퓨터를 실행하기 위해 필요한 모든 요소를 결합해둔 건물이나 복합체다. 클라우드가 다른 누군가의 컴퓨터라면, 데이터센터는 큰 회사들이 수많은 자신의 컴퓨터를 모아둔 장소다. 하지만 이런 큰 회사에서 사용할 컴퓨터는 여러분이 사용하는 컴퓨터나 노트북과는 요구사항이 다르다. 예를 들어 여러분의 컴퓨터에는 모니터가 있지만 데이터센터의 컴퓨터에는 모니터가 필요하지 않다. 데이터센터에는 컴퓨터가 겹겹이 쌓여 있다. 데이터센터에는 서버 랙rack이 있는데, 랙은 똑같은 사양의 컴퓨터로 이뤄진 더미를 뜻한다.

여러분이 컴퓨터에서 하는 일은 모두 데이터를 생성하며, 이렇게 급증한 데이터는 어딘가로 보내야 한다. 데이터센터에도 여러 유형이 있다. 하지만 페이스북이나 아마존이 제공하는 데이터센터는 실제로 해당 기업이나 다른 기업들의 사이트를 실행하고, 수많은 이미지와 다른 데이터를 저장한다. 한 장소에 너무 많은 컴퓨터가 모여 있어서 엄청난 열이 발생하기 때문에 데이터센터는 이런 문제를 해결하는 것이 주요 과제다.

| 오픈소스 소프트웨어 |

컴퓨터 기술은 항상 두 가지 부분으로 나뉘어진다. 바로 하드웨어와 소프트웨어다. 하드웨어는 여러분의 노트북이나 휴대전화, 데이터센터의 서버 랙 같은 물리적 부분이다. 소프트웨어는 하드웨어가 실행하는 코드이며 애플리케이션, 프로그램, 웹사이트 등을 포함한다.

여러분이 알아둬야 할 중요한 소프트웨어의 종류가 있다. 상당수의 소프트웨어가 기업에 의해 작성되며, 이런 소프트웨어는 독점 소프트웨어로, 해당 기업의 허가가 없으면 해당 소프트웨어에 접근할 수 없다. 반면 오픈소스open source 소프트웨어도 있다. 오픈소스 소프트웨어는 보통은 무료로 공유하고, 접근하여 사용

> **IT 인물 사전**
>
> 리눅스는 핀란드 태생의 오픈소스 개발자인 리누스 토르발스가 만든 운영체제다. 그는 버전 제어 소프트웨어 깃Git을 만들기도 했다.

할 수 있는 소프트웨어다. 오픈소스 라이선스도 여러 종류가 있는데, 일부 라이선스는 여러분이 소프트웨어를 무료로 사용하고, 원하는 대로 소프트웨어를 다룰 수 있게 한다. 심지어 재판매를 허용하는 경우도 있다.

아주 멋진 점은 여러분이 매일 사용하는 소프트웨어 중 상당 부분이 내부적으로 오픈소스 소프트웨어의 도움을 받고 있다는 점이다. 이유는 오픈소스가 여러 운영체제, 라이브러리, 프로그래밍 언어의 토대가 되는 계층을 구성하는 경우가 많기 때문이다. 누구에게나 개방되어 있고 무료이기 때문에 오픈소스 소프트웨어가 훨씬 유명해지기도 한다.

예를 들어 리눅스 운영체제는 오픈소스다. 이 말은 여러분이 이 운영체제의 코드를 볼 수 있고, 심지어 코드에 기여할 수도 있다는 뜻이다. https://github.com/torvalds/linux에서 리눅스 소스코드를 볼 수 있다.

리눅스도 여러 종류가 있다. 유명한 배포판*으로는 데비안 Debian, 페도라Fedora, 우분투Ubuntu가 있다. 그리고 레드햇Red Hat 같은 상용 배포판도 있다. 그리고 리눅스는 서버에서 가장 유명한 운영체제이기도 하다. 그리고 이 모든 것이 자발적으로 기여하는 사람들에 의해 만들어지고 다른 사람들에게 제공돼 왔다.

오픈소스 모델은 전혀 새로운 작업 모델이며, 인터넷을 이해할 때 중요한 개념이기도 하다.

| 왼쪽 패드 버그 |

나는 여러분이 이 책을 읽어나가면서 직소 퍼즐의 조각을 채워 나가는듯한 경험을 하길 바란다. 퍼즐 조각을 추가할 때마다 각각의 조각이 어떻게 전체에 맞물려 있는지 조금씩 더 명확해질 것이다.

이제는 왼쪽 패드 버그left pad bug에 대해 설명하고, 이 버그가 어떻게 인터넷 회사의 여러 사이트나 주요 프로젝트가 작동하지 못하게 방해했는지를 설명한다. 이제 여러분은 왼쪽 패드 버그를 이해하기 위해 필요한 모든 조각(버그, 문자열, 자바스크립트, 오픈소스 소프트웨어)을 가지고 있다.

에이저 코출루라는 프로그래머가 잘 알려지지 않은 작은 라이브러리에서 11줄을 지웠다. 그의 라이브러리는 '왼쪽 패드'라고 불렸고, 문자열의 맨 앞에 문자를 추가하는 기능을 제공했다.

갑자기 수없이 많은 프로젝트가 깨지기 시작했다. 심지어 '왼

＊　리눅스를 이야기할 때 핵심 부분인 커널kernel이 있고, 커널 위에 컴퓨터를 사용할 때 필요한 다양한 프로그램과 라이브러리, 사용자 인터페이스 등을 덧붙여서 컴퓨터에 설치해 사용할 수 있는 형태로 만들어 배포하는 배포판이 있다. 커널 버전이 달라지면 그에 맞춰 제대로 동작할 수 있게 기본 프로그램이나 라이브러리, 사용자 인터페이스 등을 다시 구성해야 하는데 배포판을 쓰면 이 과정을 직접 하지 않아도 되어 편하다.

쪽 패드'가 무엇인지 모르는 사람들이 만든 프로젝트까지 깨져버렸다! 어떻게 이런 일이 생겼을까?

다음은 왼쪽 패드의 함수 코드다.

```
module.exports = leftpad;
function leftpad (str, len, ch) {
    str = String(str);
    var i = -1;
    if (!ch && ch !== 0) ch = ' ';
    len = len - str.length;
    while (++i < len) {
        str = ch + str;
    }
    return str;
}
```

이 함수는 문자열의 왼쪽에 문자를 추가한다. 추가하는 문자는 공백일 수도 있고 다른 아무 문자일 수도 있다. 예를 들어 다음 함수 호출은 문자열 맨 앞에 공백을 8개 추가해서, 전체 문자열 길이가 10글자가 되도록 한다.

```
leftpad("hi", 10) → "hi"를 반환함
```

이 작은 라이브러리는 오픈소스 소프트웨어의 일부분이었기 때문에 많은 사람이 사용했고, 수많은 소프트웨어 프로젝트가 이 코드에 의존했다. 의존했다는 말은 프로젝트가 이 라이브러리를 프로젝트의 일부분으로 포함시켰기 때문에, 프로젝트의 결과물 (프로그램이나 라이브러리)을 만들 때 이 라이브러리 패키지를 인터넷에서 얻어와야 한다는 뜻이다. 갑자기 패키지가 사라졌기 때문에, 사람들이 오류와 마주하게 됐다.

어떻게 사람들이 존재도 모르는 패키지에 의존할 수 있었을까? 프로젝트에는 자신이 사용하는 다른 프로젝트와 패키지 목록이 있다. 이 중 일부는 직접 작성한 것이지만, 상당수는 온라인에서 얻어온 오픈소스 패키지다. 그리고 npm이라는 자바스크립트 패키지 등록소가 있어서, 오픈소스 자바스크립트 패키지를 npm을 통해 온라인에서 얻어올 수 있다. 어떤 사람이 패키지 목록에 10개의 패키지를 썼다고 해도, 그 패키지들이 또 다른 패키지에 의존할 수 있고, 이 또 다른 패키지는 다시 다른 패키지에 의존할 수 있으며, 이런 의존관계가 계속 이어질 수 있다. 그래서 이 과정에서 수많은 사람이 '왼쪽 패드'에 직간접적으로 의존하게 됐고, 이로 인해 여러 주요 프로젝트가 깨져버렸다!

이 사건이 알려주는 것은 큰 프로젝트(우리가 사용하는 대부분의 웹사이트나 소프트웨어들)가 오픈소스 소프트웨어에 의존하고 있다는 점이다. 누구도 맨 밑바닥부터 모든 것을 직접 만들지는 않는다. 추상화를 활용해 사람들은 자신의 시스템을 기존 시스템 위에 구축한다.

| 깃과 깃허브 |

리누스 토르발스는 리눅스를 만든 사람이지만, 다른 아주 널리 사용 중인 오픈소스 소프트웨어인 깃을 작성한 저자이기도 하다. 깃은 버전 제어 시스템으로, 깃을 사용하면 여러분이 다른 여러 사람과 함께 작성 중인 코드의 버전을 저장하고 추적할 수 있다. 깃은 리눅스처럼 큰 프로젝트를 구축할 때 아주 유용하다.

예를 들어 여러분이 수필을 쓴다고 하자. 아마도 여러 버전을 만들고 싶을 것이다. 다음과 같은 파일에 수필 내용을 넣었다고 하자.

수필.doc

일부 내용을 바꾸고 이제 두 번째 버전이 생겼다.

수필2.doc

친구에게 이 파일을 보냈고, 친구가 그 내용을 변경한 후 파일 이름을 바꿨다.

수필2-수정.doc

이제 다른 친구에게 파일을 보내고, 그 친구는 받은 파일을 변경하면서 파일이 최종 원고라고 말했다.

수필2-수정-최종.doc

하지만 여러분은 수정할 내용이 더 있다는 사실을 발견하고, 최종 원고 뒤에 날짜를 붙여서 파일을 저장했다.

수필2-수정-최종-2020-05-02.doc

이 과정에서 쉽게 버전 추적이 어려워진다는 점을 알 수 있다. 이제, 이 과정을 더 많은 사람, 심지어 수백 명과 함께 진행하되, 공유하면서 변경할 파일도 아주 많고, 각 파일에 코드가 들어간다고 생각해보자. 회사나 그룹으로 소프트웨어를 다루는 경우나 오픈소스 프로젝트를 진행하는 경우, 여러 사람 사이에 중재를 할 방법이 필요하다. 여러 다른 기능에 대해 작업을 진행할 수 있어야 하고, 변경한 내용을 저장할 수 있어야 하며, 다른 사람이 변경한 내용과 여러분이 변경한 내용을 합칠 수도 있어야 한다.

이 과정은 글을 퇴고하거나, 법률 문서의 여러 버전을 편집하거나 하는 작업 흐름과 비슷하다. 다만 코드를 사용하기 때문에 좀 더 기술적인 내용을 다룰 뿐이다. 여러분이 어떤 버전을 저장할 때 이를 커밋Commit한다고 말한다. 그리고 브랜치branch를 만들어서 작업 대상이 될 새로운 버전을 만들 수도 있다. 그리고 푸시push라는 명령을 사용해 여러분의 코드를 공유된 저장소에 전송

할 수 있다. 반대로 풀pull 명령을 사용해 공유 저장소에서 다른 사람이 작업한 코드를 불러올 수 있다. 그리고 머지merge를 통해 여러분 자신의 버전과 공유 저장소에 있는 버전을 합칠 수 있다. 더 많은 기능이 있지만 방금 설명한 기능이 기본 기능이다.

깃허브github.com라는 유명한 사이트가 있다. 깃허브는 깃 저장소를 제공한다. 수많은 오픈소스 소프트웨어가 깃허브를 통해 소스코드를 제공하며, 이를 통해 코드를 쉽게 볼 수 있고 원하면 여러분 자신만의 버전을 만들 수(이런 과정을 포크fork라고 한다)도 있다. 오픈소스 소프트웨어에서 사용하는 용어도 많이 있지만, 오픈소스가 어떻게 작동하는지 알고 이해하는 게 더 중요하며, 원하는 만큼 자세히 오픈소스 내부를 들여다볼 수 있다는 점이 중요하다. 이 책의 웹사이트 자체도 깃허브를 통해 오픈소스로 제공된다!(readwritecodebook.com의 5장에서 찾아보자.)

| 알아두어야 할 문제: 위치 추적 |

여러분이 구글맵과 같은 지도 소프트웨어를 운영한다고 하자. 여러분은 위치를 저장하고, 사용자 계정을 저장하며, 사람들이 자신이 좋아하는 장소를 저장하고 지도에서 원하는 내용을 검색하게 해준다. 이 모든 데이터를 저장하기 위해서 데이터베이스가 필요하다.

이제 구글맵처럼 여러분이 방문하고 검색한 모든 장소를 저장하는 편리한 기능이 있다고 하자. 이 기능을 통해 이미 검색하거나 가본 적이 있는 장소를 쉽게 찾을 수 있기 때문에 아주 편리할 것이다. 이제 여러분의 휴대전화가 항상 켜져 있고, 휴대전화를 항상 가지고 다니며, 휴대전화가 매초 현재 위치를 저장해서 여러분이 간 장소를 자동으로 찾을 수 있고, 여러분도 여러분이 어디를 방문했는지 알 수 있다고 하자. 이런 기능은 흥미롭지만 몇 가지 문제가 있다. 이제는 여러분이 어디에 갔는지 항상 추적할 수 있고, 수십억의 사람들에 대해 같은 일을 할 수 있다. 이런 경우 어떤 문제가 생길까? 문제가 많아 보인다. 오늘날의 현실이 바로 이렇다.

이런 데이터는 어떤 의미가 있을까? 이런 데이터가 각 개인에게는 어떤 의미가 있을까? 데이터 전체적으로는 어떤 의미가 있을까? 사람들이 깨닫지 못하는 사이에 사람들에 대해 어떤 사실을 찾아낼 수 있을까? 이런 데이터를 어떻게 관리하고 조직화하며 삭제할 수 있을까? 정부가 이런 데이터를 요구한다면 어떻게 해야 할까?

데이터 수집과 데이터 프라이버시와 관련해 곤란한 문제가 있으며, 국가나 세계가 해결책을 도출하기 시작해야 할 때가 이미 지나버렸다. 이제는 이런 질문에 답이 우려할 만한 수준이 됐고, 취할 수 있는 조치에 대해 충분한 제어가 이뤄지지 않고 있다.

이제 다른 앱(날씨나 리뷰 등 어떤 것이든 좋다)을 사용하는데, 이 앱이 표면적으로는 여러분의 위치 정보를 사용해 서비스를 제공한다고 생각해보자. 예를 들어 현재 위치의 날씨를 보여줄 수 있다. 하지만 이 앱은 날씨를 제공하기 위해 필요할 때만 위치 정보를 사용하는 것이 아니라 계속해서 여러분의 위치 정보를 수집하고 있다. 이제는 이 날씨 앱이 여러분의 위치 데이터를 모두 가지게 된다. 하지만 여기서 진짜 문제는 앱이 데이터를 소비자의 행동 양식을 파악하거나 광고 대상을 세밀하게 분류하고 싶어 하는 다른 마케팅 회사에 판매할 수 있다는 점이다. 여러분의 위치 정보가 이런 식으로 사용된다는 사실을 알았는가? 날씨 앱이 위치 정보를 이런 식으로 사용한다고 알려줬다면 해당 앱을 다운로드해 사용했겠는가? 이런 질문은 여러분의 스마트폰 프라이버시를 설정할 때 관계가 깊은 질문들이다.

데이터를 수집하고, 유지하고, 삭제하는 데는 아주 실질적인 득실관계가 존재한다. 클라우드는 우리에게 몇 년 전 사고로 CodeHS 데이터베이스를 지웠을 때 데이터베이스 자동 백업을 제공했던 것 같은 편리를 제공한다. 하지만 데이터 저장이나 수집과 관련해 고려할 필요가 있는 위험요소도 함께 존재한다.

6장

사이버보안과
암호화폐

• • •

| 온라인 거래의 맹점 |

나는 몇 번 온라인 사기에 노출된 적이 있고, 몇 번은 거의 속을 뻔한 적도 있다. 인터넷은 신용 사기꾼들에게 신세계를 열어줬기 때문에 여러분도 조심해야만 한다. 더 많이 배우면 배울수록 나는 온라인이나 직접 대면에 대해 점점 더 회의론자가 되고 있다.

고등학교 때 루마니아 부카레스트에 사는 남자에게 세그웨이를 살 뻔했다. 그 사람은 이베이 결제가 아니라 웨스턴유니언 은행 계좌로 돈을 보내 달라고 말했다. 나중에 생각해보면 그냥 웃긴 일이지만, 당시에는 아주 좋은 거래를 찾았다고 확신했었다.

대학에서는 휘발유를 넣을 돈이 필요한 사람에게서 가짜 로또 복권을 산 적이 있다. 지금 생각해보면 그 사람의 주장이 말이 될까? 전혀 그렇지 않다. 하지만 내가 그들에게 얼마나 큰 도움이 되는지 강조했기 때문에 나는 그들의 이야기를 믿었다. 그 복권은 나나 주유소 계산원에게 모두 그럴듯해 보였다. 그리고 그 복권은 정말 진짜였다. 다만 이미 상금을 수령한 복권이었을 뿐이다!

한번은 태국 방콕 여행 중에 이런 일도 있었다. 대궁전을 방문하러 가는 길에 젊은 태국 남자가 우리에게 와서 그날은 부처님오신날이기 때문에 대궁전이 오후 2시까지 문을 열지 않는다고 했다. 그 사람의 말은 아주 그럴싸했다. 그는 궁전에 가는 대신 작은 삼륜 택시인 툭툭을 이용해 아주 싼 가격에 관광 명소를 둘러보라고 제안했고, 그 말에 우리는 툭툭이 있는 장소로 갔다.

몇 분이 지나지 않아 나는 예전에 온라인에서 읽었던 툭툭 사기 수법을 떠올렸다. 그 수법은 여러분을 싼값에 툭툭에 태우고 여기저기를 다니면서… 잠깐, 나는 '방콕 사기'를 검색했고, 맨 앞에 나온 검색 결과가 바로 방금 우리가 제안받았던 그 수법임을 알았다. 덕분에 서둘러 툭툭에서 내려 사기를 피할 수 있었다. 대궁전은 닫히지 않았고, 그날은 부처님오신날도 아니었다. 하지만 수많은 여행자가 이런 수상한 수법에 넘어간다. 사기꾼들은 능수능란하다.

디지털 세계의 사기꾼은 교활하며 영리하다. 이제부터 몇 가지 사기 수법을 이야기할 생각이다. 경계를 늦추지 말고 긴장하도록!

| 사이버보안 |

이제는 그 어느 때보다 사이버보안 관련 뉴스가 자주 보인다. 사회의 여러 부분에서 기술이 사용되고 있기에 각 시스템을 나쁜 행위자에게서 보호하는 일이 더욱 중요하고 어려운 일이 되고 있다. 사이버보안cybersecurity은 컴퓨터를 다양한 공격에서 보호하는 행위다. 사이버보안은 하드웨어, 데이터는 물론 시스템의 다른 부분을 보호하는 조치를 모두 포함한다. 공격에는 아주 다양한 유형이 있다. 그중 몇 가지를 살펴보고 사이버보안이 왜 그렇게 어려운 문제인지도 알아보자.

보안이 어려운 문제인 이유로는 시스템에 침입하기 위해서는 아주 미세한 취약점이나 약점, 오류만 알면 충분하다는 점을 들 수 있다. 하지만 시스템을 안전하게 유지하려면 모든 가능성과 공격 대상이 될 수 있는 모든 영역을 고려해야 한다.

| 해킹 |

뉴스에서 '해킹'에 관한 소식을 듣는 일은 점점 더 많아질 것이다. 대체 해킹이란 무슨 뜻일까? 누군가 해킹당했다면 어떤 영향이 있고 어떻게 해킹이 일어날 수 있었을까?

해킹hacking은 허가받지 않은 누군가가 어떤 컴퓨터 시스템에 접근할 수 있게 됐다는 뜻이다. 이 말은 공격자가 시스템의 취약점을 찾아서 시스템을 탈취했다는 뜻일 수 있다. 어떤 시스템이

해킹당하면, 누군가가 시스템에 접근해서 원래는 볼 수 없는 데이터를 얻을 수 있다. 오늘날 다양한 유형의 공격이 해킹을 구성한다. 그런 공격은 시스템을 중단시키기 위한 것일 수 있다.

다음은 여러분이 알아둬야 할 몇 가지 공격 유형들이다.

- 봇넷botnet은 공격자가 어떤 컴퓨터 네트워크 전체를 제어하며 네트워크에 속한 컴퓨터를 공격에 사용하는 것이다.
- 서비스 거부DoS나 분산 서비스 거부DDoS 공격은 해커가 어떤 사이트에 엄청난 트래픽을 유발해 사이트를 중단시키려는 것을 뜻한다. DDoS 공격에서는 트래픽이 다양한 근원에서 발생하기 때문에 더 예방하기 힘들다.
- 랜섬웨어ransomware 공격은 악의적인 소프트웨어가 컴퓨터에 설치되고, 이 소프트웨어가 컴퓨터 시스템의 데이터나 파일을 암호화해서 사용할 수 없게 만든 다음, 공격자가 암호를 풀어서 컴퓨터를 복구할 수 있는 암호키를 제공하는 대가로 몸값ransom을 요구하는 것을 뜻한다.

최근에 뉴스에서는 데이터 누출에 대한 보도가 많이 보인다. 데이터 누출은 해커가 시스템 접근 권한을 탈취해서 개인정보를 유출하거나 공개한 경우를 뜻한다. 데이터 누출은 이름, 전화번호, 주소, 과금 정보, 결제 정보 등의 정보를 퍼뜨릴 수 있다. 요즘은 데이터 누출이나 해킹이 아주 흔해서 여러분이 웹사이트에 제공한 데이터의 프라이버시를 진짜로 신뢰할 수 없다. 2019년에만

80억 건의 레코드가 데이터 누출을 통해 노출됐다. 참고로 지구상에는 80억 명의 사람이 살고 있다.

| 피싱 |

보낸 사람 두식이 <notreallytheiremail@gmail.com>

2023. 2. 24 (금) 15:12

받는 사람 제러미 <youremail@gmail.com>

조카 생일 선물에 쓸 iTunes 선물 카드가 세 장 필요한데, 하필 여행 중이라서 선물 카드를 살 상황이 아니네. 어디든 좋으니 나 대신 선물 카드 좀 사줄래? 돈은 다음 주 집에 돌아가는 대로 보낼게.

이와 같은 전자우편을 받았다. 마치 조카를 위해 선물 카드가 필요한 친구가 보낸 편지처럼 보인다. 그럴듯해 보이지 않는가? 다시 살펴보자. 이 전자우편은 피싱이다.

약간 수상한 냄새가 나는 전자우편을 받아본 적이 있는가? 여러분에게 개인정보를 물어보거나 특정 반응을 강요하거나 알 수 없는 링크를 보내거나 혹은 무언가를 구입하거나 지불해달라는 부탁을 하는 등 이와 유사한 요청을 하는 전자우편 말이다.

이런 속임수를 피싱 전자우편이나 피싱 공격이라고 부른다. 피싱phishing은 공격자나 나쁜 행위자가 마치 자신이 다른 사람인 것처럼 속여서 여러분의 개인정보를 얻어내거나, 마치 진짜인 것처럼 위장한 사이트에 여러분의 정보를 입력하라고 요청하는 공격을 말한다.

피싱은 여러분이 아는 어떤 사람이나, 여러분과 연관이 있는 어떤 회사를 흉내 내는 전자우편으로 시작하고는 한다. 그 후 여러분에게 정보를 알려달라고 부탁하거나 어떤 사이트에 정보를 입력하라고 요청하면서 진짜 같아 보이지만 실제로는 여러분의 로그인 정보를 빼내기 위한 가짜 로그인 페이지로 로그인하라고 요청한다.

피싱은 아주 교묘한 기법이며, 대부분의 경우 여러분을 속이기 위한 목적만으로 작동한다. 누구나 피싱에 속을 수 있다. 심지어 경험이 아주 많은 IT 전문가라 할지라도 그렇다.

어떻게 하면 이런 사기에 빠지지 않고 피싱으로부터 보호를 받을 수 있을까? 알아두면 도움이 되는 내용이 몇 가지 있다.

| 피싱에 대해 배우기

여러분은 이제 큰 걸음을 내딛었다. 즉, 피싱에 대해 알게 됐다. 피싱이 뭔지 더 많이 알고 공격자가 여러분을 어떻게 속일지 더 많이 알수록, 여러분이 나쁜 시나리오를 식별하고 방지하는 데 도움이 된다.

여러분이 해야 할 한 가지 일은 그냥 조금 더 천천히 일을 처리하는 것이다. 수상해 보이는 전자우편을 받으면 그 전자우편에 포함된 링크나 첨부파일을 눌러 실행하거나, 해당 전자우편에 링크와 연결된 사이트에 정보를 입력하지 말고 조심해야 한다.

| 경고 신호 살펴보기

피싱 공격은 국가기관(검찰, 경찰 등)의 제안, 재무적인 이익이나 손해를 알려주는 메시지, 또는 감정적인 침묵 등 다양한 전략을 폭넓게 활용한다. 피싱 공격에는 대중을 대상으로 하는 공격부터 특정인을 정확히 겨냥한 공격에 이르는 다양한 유형이 있다. 여러분의 상사 전자우편을 흉내 내 뭔가를 빨리 처리하라고 요청하는 전략을 사용할 수도 있다. 피싱에서는 긴급성을 활용하는 경우가 흔하다. 무언가를 무료로 주거나 환불, 쿠폰 등을 준다고 제안하거나, 빨리 행동하지 않으면 무언가를 잃을 수 있다고 겁을 준다. 오타가 많은 전자우편을 보거나, 아주 일반적인 정보를 사용해 여러분을 지칭하는 전자우편을 볼 수도 있다. 앞에서 보여준 예제 전자우편처럼 여러분에게 선물 카드를 사달라고 부탁할 수도 있다. 피싱 전략도 진화 중이지만 무언가 정상과 다른 부분이 보인다면 진행을 늦추고 한 번 더 살펴봐야 한다.

| 도메인을 확인하라

다음으로 지금 보고 있는 사이트의 URL을 자세히 살펴보자. 은행에서 피싱 전자우편을 받았다고 가정하자. 진짜 은행의 도메인은 다음과 같다.

wellsfargo.com

피싱 공격은 아주 비슷해 보이는 다른 사이트로 여러분을 이동시킨다. 예를 들면 다음과 같은 URL을 사용할 수도 있다.

wellsfargo.com.phishingsite.com/login

이 도메인은 실제로는 phishingsite.com의 하위 도메인이지 wellsfargo.com의 하위 도메인이 아니다. 따라서 URL만 잘 살펴봐도 속지 않을 수 있다. 그리고 URL 막대를 보고 해당 사이트가 안전한 사이트인지 확인할 수도 있다. 정리하면, 여러분이 보고 있는 사이트가 정말 여러분이 방문하려고 했던 그 사이트인지 여러 번 살펴볼 필요가 있다. 이런 확인은 너무 간단하기 때문에, 실제로는 빼먹기 쉬운 단계이기도 하다. 누군가 구글과 완전히 똑같은 홈페이지와 로그인 페이지를 만들고 여러분이 암호를 입력하도록 유인할 수도 있다. 만약 여러분이 이 사이트에 암호를 입력하면 그들이 여러분의 암호를 알아내고 여러분의 계정을 빼앗을 수도 있다.

| 전자우편을 보낸 사람의 전자우편 주소를 확인하라

다음으로는 전자우편을 보낸 사람이 여러분이 생각하는 바로 그 사람인지 확인하자. 전자우편에는 안전하지 못한 구성 요소가 아주 많다. 사람들이 자주 간과하게 되는 요소 중에는, 보낸 사람

의 주소가 반드시 '보낸' 사람의 진짜 주소일 거라는 믿음이 있다. 여러분은 보낸이 주소에 내 전자우편 주소를 쓸 수도 있다.

Jeremy Keeshin <저자의 실제 전자우편 주소@gmail.com>

하지만 표시용 이름만 바꾸고 전자우편 주소는 다른 주소를 사용하는 전자우편을 받을 수도 있다.

Jeremy Keeshin <공격자 전자우편 주소@gmail.com>

하지만 전자우편 소프트웨어에 따라 전자우편 주소는 표시되지 않고 표시용 이름만 표시되는 경우도 있다. 전자우편에서 '추가 정보'를 클릭해서 보낸 이의 전체 전자우편 주소를 살펴볼 수 있다. 보낸 이의 전자우편 주소가 표시용 이름에 적힌 사람의 전자우편을 본뜬 가짜 주소라면 해당 전자우편은 속임수일 가능성이 높다. 추가로 전자우편에서 다른 부분은 가짜 정보를 넣을 수 있더라도, 발신 서버 정보는 거의 바꾸기가 어렵다. 따라서 전체 전자우편 정보를 살펴보면서('원본 보기'등을 선택하면 된다) 발신 서버를 살펴보면 전자우편이 제대로 서명됐는지 여부를 알 수 있다. 많은 경우 지메일Gmail 같은 전자우편 클라이언트는 메시지가 수상한 경우 경고를 해준다. 하지만 이런 다양한 요소를 고려해도 수상한 전자우편을 찾지 못할 수도 있다.

때로 공격자가 개인정보나 로그인 정보를 탈취하려고 시도할 수도 있다. 특히 패스워드는 신중하게 다뤄야 한다. 누군가 여러분의 패스워드를 알아내면 여러분의 계정에 로그인할 수 있다. 따라서 패스워드를 입력할 때는 조심해야 한다. 추가로 패스워드를 다른 사람에게 알려주면 안 된다. 어떤 사이트가 여러분의 패스워드를 물어본다면, 다시 한 번 해당 사이트가 여러분이 쓰려는 사이트가 맞는지 도메인을 확인해야 한다.

| 신원 도용 |

이런 데이터(패스워드 등 개인정보)의 누출과 함께 여러분은 신원 도용과 어떻게 이를 방지할 수 있는지 알아둬야 한다. 신원 도용은 누군가가 여러분이 공개하거나, 개인적으로 보장했거나, 해킹으로 얻은 여러분의 신원 정보를 탈취해서 여러분인 것처럼 사기 행위를 말한다. 누군가가 여러분의 신용카드를 훔치거나 새로 신용카드나 대출을 받거나, 다른 누군가의 세금을 환급받는 등의 다양한 방식으로 신원을 도용할 수 있다.

| 패스워드 |

시스템에 로그인하려면 보통 사용자명이나 전자우편과 패스워드가 필요하다. 뒤에서 이런 요소를 더 안전하게 만드는 방법을 배울 것이다. 여러분의 사용자명은 여러분이 로그인하려는 사이트 내에 공개되어 있을 수 있다. 하지만 패스워드는 항상 비밀로 보관된다. 따라서 패스워드는 여러분이 웹사이트에 들어가기 위한 비밀 열쇠다.

우선, 패스워드를 안전하고 확실하게 보관해야 한다. 하지만 사이트 계정도 아주 많고, 해킹 시도도 아주 많은데 어떻게 모든 패스워드와 계정을 안전하게 기억할 수 있을까? 패스워드를 관리하는 데는 여러분이 알아야 할 수많은 함정과 권장 사항이 존재한다. 다음은 여러분이 이미 겪고 있고 해결해야 하는 복잡한 문제들이다.

- 계정을 기억하기 힘들다. 어떤 사이트에 내 계정이 있을까?
- 패스워드를 모두 기억하기 힘들다.

어디서나 같은 패스워드를 쓸 수도 있다. 하지만 같은 패스워드를 쓰는 건 더 큰 문제다. 모든 사이트에 같은 패스워드를 쓴다는 말은 어떤 계정이 해킹되거나, 어떤 사이트가 패스워드를 바로 알아볼 수 있는 평문으로 저장한 경우, 공격자가 다른 모든 계정에 로그인할 수 있는 사용자명과 패스워드를 얻게 된다는 말이다.

다양한 패스워드를 사용해서 어떤 사이트에 어떤 패스워드를 쓰는지 기억하기 힘들 수도 있다. 일부를 한곳에 나머지를 다른 곳에 적어둘 수도 있고, 일부는 매번 잃어버려서 재설정해야 할 수도 있다. 내가 추천하는 패스워드 사용법은 다음 두 가지다.

- 패스워드 길이를 충분히 길게 한다.
- 패스워드를 생각해낼 수 있는 시스템을 만든다.

각각에는 몇 가지 변종이 있지만, 왜 이 두 방식이 도움이 되는지 이해하면 더 도움이 될 것이라 생각한다.

보안을 향상하는 것과 관련해서는 항상 상충관계가 존재한다. 상충관계는 편리성과 보안성 사이에 발생한다. 어떤 시스템이나 방식이 더 안전한 경우, 그 시스템은 아마 사용하기 더 불편할 것이다. 하지만 가장 안전한 시스템이라고 해도 너무 불편해서 아무도 쓰지 않으면 아무런 도움이 되지 않는다. 누군가 여러분의 계정에 해킹해 들어오는 방법은 여러 가지다.

- 다른 사이트에서 노출된 데이터를 재사용
- 사전dictionary 공격
- 모든 경우의 수를 넣어보는 공격brute force attack
- 레인보 테이블rainbow table
- 피싱
- 사회공학social engineering
- 추측

| 패스워드 재사용 피하기

여러 사이트에서 같은 패스워드와 사용자명을 사용하면 여러분의 계정 정보가 정보 노출로 공개되는 경우 계정이 쉽게 해킹

될 수 있다. 해커는 단지 알려진 패스워드를 다른 민감한 계정에 시도해보면 된다. 이런 종류의 공격을 완벽히 방지할 수 있고, 여러분도 여러분 자신을 보호할 수 있다.

이런 공격자 중 상당수는 한꺼번에, 즉 모든 계정을 동시에 탈취하려 할 것이다. 하지만 각 계정 간의 연결 고리를 없애면 보안을 향상시킬 수 있다. 어느 특정 계정을 공격자가 목표로 삼는다면 다른 문제가 되겠지만, 쉬운 공격을 방지하는 것만으로도 도움이 된다.

다음 중 한 가지 방법으로 계정이 한꺼번에 탈취되는 경우를 방지할 수 있다.

- 모든 사이트에서 다른 전자우편이나 사용자명을 사용한다.
- 모든 사이트에서 다른 패스워드를 사용한다.
- 모든 사이트에서 전자우편과 패스워드를 모두 서로 다르게 사용한다.

서로 다른 전자우편/사용자명과 서로 다른 패스워드를 한꺼번에 사용하면 가장 안전하겠지만, 이렇게 하기가 가장 어렵다. 나는 각 사이트별로 사용할 서로 다른 전자우편 주소를 생성해주는 시스템을 만든 적이 있지만, 이렇게 하려면 좀 더 많은 준비가 필요하다. 게다가 여러 이름이나 전자우편을 기억하기 힘들고, 상당수의 사이트에서는 여러분의 사용자명을 다른 사람들에게도 노출시키는 경우가 많다. 따라서 이런 방식이 가장 안전하기는 하지만 가장 실행하기 어려운 방식이다.

　하지만 사이트마다 다른 패스워드를 만드는 방식은 훨씬 실행하기 쉽고, 가장 기초적인 보안 방식이다. 임의로 생성된 패스워드를 사용할 수 있지만, 이런 패스워드를 다 기억할 수는 없다. 프로그램이나 브라우저에 의해 임의로 생성된 패스워드를 사용한다면 이런 패스워드 정보를 조직적으로 관리하기 위해 패스워드 관리자가 필요할 것이다. 패스워드 관리자password manager는 패스워드를 조직적으로 관리하는 프로그램이다. 패스워드 관리자는 모든 사이트에 대해 사용자명과 패스워드 같은 여러분의 계정 정보를 추적하고, 자동으로 입력해준다. 여러분이 개별 사이트의 패스워드를 일일이 기억할 필요는 없다. 대신 마스터 패스워드만 기억하면 된다. 여기서 한 가지 불편한 것은 여러분이 사이트 패스워드를 모르기 때문에, 패스워드 관리자를 사용하는 방법을 연습해야만 한다는 점이다.

　내가 좋아하는 시스템으로는 패스워드를 생성해주는 규칙이 있다. 이 방식은 기본 패스워드와 사이트에 따라 달라지는 추가 패스워드 요소로 이뤄진다. 패스워드 생성 규칙을 통해 몇 가지 목표를 이룰 수 있다. 모든 패스워드를 알 수 있기 때문에 이 방식이 더 사용하기 편하다. 그리고 각 사이트의 패스워드는 모두 유일하기 때문에 여러분의 계정 정보가 모두 연동되는 일을 피할 수 있다. 이 방식이 효과적인 이유는 패스워드 재사용을 활용해 공격하는 일반적인 공격을 방지해주고 어떤 사이트를 탈취당해도 다른 사이트 중 어느 곳도 거저 탈취될 수 없다는 데 있다.

이 방식은 사이트 중에 우리가 정한 패스워드 생성 방식과 충돌하는 패스워드 지정 규칙이 있는 경우 장애물에 부딪칠 수 있다(이런 패스워드 지정 규칙은 실제로 아무런 도움이 되지 않는다). 따라서 이런 경우를 염두에 둬야 한다. 사이트에서 패스워드 글자 수를 제한하거나, 대문자, 소문자, 특수문자, 숫자 등의 사용을 제한하거나 강제하는 경우 이런 일이 생길 수 있다. 다음은 패스워드 생성 규칙 시스템이 어떻게 작동하는지 보여준다.

우선 원하는 어떤 기본 패스워드를 선택하라. 이 기본 패스워드가 'colorful'이라고 하자. 그 후 '904' 같은 숫자를 추가하라.

그다음에는 사이트의 이름에 따라 규칙을 정한다. 내 규칙은 사이트 이름의 첫 세글자를 취하는 것이다. 따라서 사이트 이름이 구글google이면 'goo'나 'GOO'를 택한다. 사이트가 위키피디아wikipedia라면 'wik'나 'WIK'를 택할 것이다.

이제 이 세 정보를 다양한 방식으로 조합해보자. 사이트와 관련 있는 부분부터 시작하고, 숫자, 기본 패스워드순으로 나열할 수도 있다. 이렇게 만든 구글 패스워드는 다음과 같다.

gooCOLORFUL904

위키피디아 패스워드는 이렇다.

wikCOLORFUL904

이 방식이 패스워드를 기억하기 위해 모든 장소에서 같은 패스워드를 쓰는 것보다 더 나은 점이 뭘까? 이 방식은 각 사이트의 패스워드 사이의 연관 관계를 없애주므로 어떤 한 계정이 유출된다 해도 다른 사이트에는 영향이 없다.

어떤 사람은 암호구passphrase를 사용하기도 한다. 암호구는 더 길지만 기억하기 쉬우며, 전체를 이어서 한꺼번에 사용하거나 각 단어의 첫 글자를 취해서 사용할 수 있는 패스워드 시스템이다. 암호구를 쓰면 임의로 만든 패스워드처럼 보이지만 훨씬 더 기억하기 쉽다는 장점이 있다.

암호구의 예를 들면 다음과 같다.

roundish sloppily zone guidance

이 암호구에서 31글자짜리 패스워드를 만들 수 있고, 그렇게 긴 패스워드는 추측하기가 매우 어렵다. 이 패스워드를 깨기 위해 매초 1천억 개씩 패스워드를 추측한다면, 모든 경우를 확인하기 위해서는 25억 4800만 조조(조에 조를 곱한 크기) 세기가 필요하다. 임의의 문자에서 패스워드를 생성했다고 하자.

Y2y1qd4HDepMVQ8hGM4F

이 패스워드는 기억하기 매우 어렵다. 매초 1천억 개씩 패스워드를 추측한다면 2280조 세기가 필요하다. 패스워드를 더 길게 만들되 기억을 쉽게 하기 위해 패스워드에 패딩을 사용할 수도 있다(규칙 기반 시스템의 변종임). 'egg'라는 단어가 있다면 같은 문자를 반복해 덧붙여서 패스워드 길이를 더 길게 만들 수 있다.

Egg2!***************

이 패스워드는 'egg'의 첫 글자를 대문자로 한 뒤에 2와 느낌표를 붙이고 별표*를 15개 추가한다. 이 패스워드는 앞의 패스워드보다 더 안전하다. 모든 경우를 시도해보려면 1만 1520조 번의 시도가 필요한데 앞의 패스워드와 길이는 똑같다. 이 형식이 더 단순하고 기억하기도 쉽지만 공격자는 여전히 모든 경우를 시도해야만 패스워드를 깰 수 있다.

│ 해커가 패스워드를 추측하지 못하게 막기

지금까지 말한 기법들이 도움이 되는 이유가 뭘까? 공격당할 수 있는 몇몇 방법을 제외하면, 대부분의 공격은 데이터 노출에서 비롯되거나 사전을 사용하거나 모든 경우의 수를 하나씩 해보는 방식일 것이다. 여러분의 계정을 추측하려고 시도하는 공격자는 이런 방법 중 하나를 시도할 수 있다.

사전 공격은 해커가 사전이나 어떤 단어 목록에 있는 모든 단어를 패스워드로 시도해보는 방식이다. 불행히도 사람들이 일반 단어를 패스워드로 선택할 수 있다. 그리고 일반 단어는 추측하기 쉽기에, 이런 패스워드는 아주 빠르게 해킹된다. 누군가는 모든 경우를 시도하는 공격brute force attack을 할 수도 있다. 이 공격은 사전의 단어뿐 아니라 숫자, 문자, 특수문자를 포함하는 모든 조합을 시도해보는 방식이다. 또는 공격자가 그냥 패스워드를 추측해볼 수도 있다. 패스워드 길이가 길고, 사이트마다 다른 패스워드를 사용하고, 사전이나 일반적인 패스워드가 아닌 패스워드를 사용한다면 여러분의 계정을 공격하기가 아주 어려워진다.

경우에 따라 데이터베이스에 패스워드를 저장했는데 모든 패스워드가 해시된 경우,[*] 그 해시와 일치하는 값을 찾기 위한 프로그램을 오프라인에서 돌려볼 수 있다. 레인보 테이블 공격은 패스워드의 해시를 미리 계산해두어 해시를 더 빨리 찾는 방식의 공격을 뜻한다.

방금 설명한 내용은 요약일 뿐이다. 하지만 이 뒤에 숨어 있는 수학을 이해하면 이런 기법이 보안에 도움이 되는 이유를 더 잘 알 수 있다.

질문을 던져보자. 페이스북, 구글, 인스타그램, 스냅챗 등을 사용하는 경우 패스워드를 깨는데 얼마나 오랜 시간이 걸릴까?

여러분의 패스워드를 생각해보자. 이제 그 패스워드의 길이와

---

[*]   해시hash는 큰 집합의 원소(여기서는 긴 패스워드 문자열)를 정해진 크기의 집합(보통은 256비트, 512비트 크기의 2진 정수)으로 연관시켜주는 수학 함수를 뜻한다. 해시는 단방향 함수(좋은 해시라면, 패스워드를 해시값으로는 바꿀 수 있지만 해시값에서 패스워드를 추측하기는 어렵다)라는 특징이 있다. 사이트 로그인 패스워드를 저장해야 하는데 패스워드를 그대로 저장하고 사용자가 입력한 패스워드를 서버로 보내 비교하는 방식을 택하면 중간에 평문 패스워드가 노출되고, 데이터베이스가 탈취되는 경우 모든 사람의 패스워드가 드러난다는 문제가 있다.

패스워드를 구성하는 문자들의 종류를 생각해보자.

for 루프와 while 루프를 기억하자. 루프를 사용하면 코드를 반복할 수 있다. 그리고 컴퓨터는 코드를 아주 빨리 실행할 수 있다. 다음과 같은 의사코드로 작성한 프로그램이 있다면 어떨까?

```
while 패스워드를 맞추지 못했음
    다음에 시도할 추측을 만들어냄
    if 추측한 패스워드가 올바른 패스워드라면
        완료
```

컴퓨터는 이 과정을 아주 빠르게 수행할 수 있다. 몇 가지 요소에 따라 달라지지만 컴퓨터는 보통 매초 수억~수십억 건의 패스워드를 추측할 수 있다. 어떤 사이트에 대해 이런 과정을 수행한다면 추측 속도는 웹사이트의 요청 처리 속도에 따라 달라지지만 보통은 매초 수천 번을 시도해볼 수 있다.

다음 표는 모든 경우를 시도해보는 공격의 경우 모든 가능한 패스워드 조합을 시도하기 위해 얼마나 시간이 걸리는지를 보여준다. 검색 공간의 크기는 가능한 조합이 얼마나 많으냐에 따라 달라진다. '소문자'는 26가지 영어 소문자를, '대문자'는 26가지 영어 대문자를, '숫자'는 0~9까지 숫자를, '대소문자'는 알파벳 52글자(26+26)를 뜻한다. '특수'는 33가지 특수문자(아스키코드에서 대소문자나 숫자, 제어문자가 아닌 문자들)를 뜻한다.

정확한 숫자는 시나리오마다 다르지만, 5글자 패스워드를 푸

이름	알파벳 범위	글자수	검색 공간 크기	푸는 데 걸리는 시간 (초당 1000번 시도)	푸는 데 걸리는 시간 (초당 1000억 번 시도)
소문자	26	5	11,881,376	3.3시간	0.000119초
대소문자	52	5	380,204,032	4.4일	0.003802초
대소문자, 숫자	62	5	916,132,832	10.6일	0.009161초
대소문자, 숫자, 특수문자	95	5	7,737,89,375	2.99달	0.077378초
소문자	26	10	1.41e+14	44.76세기	23.53분
대소문자	52	10	1.45e+17	458만 4000세기	16.73일
대소문자, 숫자	62	10	8.39e+17	2661만 4000세기	3.24달
대소문자, 숫자, 특수문자	95	10	5.99e+19	18억 9900만 세기	18.99년
소문자	26	15	1.68e+21	531억 8600만 세기	5.32세기
대소문자	52	15	5.50e+25	1743조 세기	1742만 8000세기
대소문자, 숫자	62	15	7.69e+26	243.85조 세기	2억 4400만 세기
대소문자, 숫자, 특수문자	95	15	4.63e+29	1.47e+5조 세기	147억 세기
소문자	26	20	1.99e+28	6.32e+3조 세기	63억 1900만 세기
대소문자	52	20	2.09e+34	6.63e+9조 세기	66.26조 세기
대소문자, 숫자	62	20	7.04e+35	2.23e+11조 세기	2.23e+3조 세기
대소문자, 숫자, 특수문자	95	20	3.58e+39	1.14e+15조 세기	1.14e+7조 세기

는 데는 1초도 안 걸리고, 10글자 대소문자로 구성된 패스워드는 4만 6000세기가 걸린다는 사실을 볼 수 있다. 대소문자와 숫자가 섞인 15글자 패스워드를 풀려면 초당 1천억 번 시도할 때 244만 세기가 걸린다. 따라서 뭔가 정말 복잡한 알파벳을 사용하려고 시도하기보다 그냥 패스워드에 몇 글자를 덧붙이는 게 훨씬 더 낫다. 이 표의 주 교훈은 패스워드 글자수가 가장 중요한 요소라는 사실이다.

│ 피싱과 사회공학 방지하기

암호와 관련해 주의해야 하는 다른 요소는 암호를 잘못된 사람이나 잘못된 사이트에 전달하는 것이다. 방지하기가 쉬워 보이겠지만, 실제로는 매우 어려울 수 있다.

피싱에 대해 앞에서 살펴봤다. 피싱 공격이 결국에는 공격자가 여러분의 암호를 탈취하는 것으로 끝나는 경우도 많다. 데이터 누출, 다른 시스템 해킹, 사전 공격이나 모든 경우를 다 시도하는 공격을 통한 암호 추측 등 암호를 탈취하는 몇 가지 방법을 살펴봤다. 하지만 암호를 탈취하는 다른 방법으로 여러분에게서 직접 암호를 받는 방법이 있다.

여러분이 공격자에게 직접 암호를 내어주다니 멍청한 소리인 것처럼 들린다. 하지만 피싱은 아주 교묘해질 수 있다.

일반적으로 사회공학이라는 공격 기법이 있다. 사회공학은 시스템의 기술적인 취약점을 이용하는 대신, 시스템 안에 있는 다양한 사람들을 조정하는 방식으로 이루어진다.

국세청이라며 문제가 있다고 말하는 전화를 받아본 적이 있는 가? 또는 은행인 것처럼 가장했지만 실제로는 그렇지 않았던 경우는? 또는, 여러분의 컴퓨터에 바이러스가 있다고 말하는 조선족 말투의 전화를 받아본 적은? 이 모두는 사회공학적인 사기다. 이런 전화는 여러분이 특정 정보나 특정 사이트에 대한 접근을 내어주게 만들려는 시도 중 첫 단계일 것이다.

피싱은 일종의 사회공학 공격이다.

어떤 공격자가 여러분이 사용하는 웹사이트의 고객 상담원에게 전화를 걸어서, 여러분에 대해 알려진 정보나 공격자가 알아낸 정보를 바탕으로 마치 여러분인 것처럼 상담원을 속여 암호를 재설정하거나, 여러분의 계정에 접근하는 권한을 획득하려고 할 수 있다. 전화번호를 탈취하기 위해 이런 종류의 공격을 시도하는 경우도 있다. 전화번호를 얻으면 다시 다른 계정을 탈취하려고 시도할 수 있다.

사무실에 전화해서 IT 지원부서인 것처럼 하면서 패스워드를 직접 물어보는 형태의 사회공학 공격도 있다. 또는 누군가를 사칭해 거액을 유산으로 받을 기회가 있거나, 나이지리아에 좋은 사업 기회가 있는데 당장 필요 경비가 없으니 보내달라고 하거나, 선물 카드를 사달라고 부탁하는 경우도 있다.

CodeHS에서도 실제로 피싱 이메일을 자주 받는다. 일부는 나인 척하면서 팀원에게 어떤 일을 하라고 지시하기도 한다. 우리는 보안 훈련을 하지만, 그럼에도 이런 공격에 대처하는 일이 어려울 때가 있다.

어떻게 이런 사회공학 공격을 방지할 수 있을까? 우선, 여러분의 암호를 절대로 남에게 알려주면 안 된다. 누군가 전화나 전자우편으로 암호를 물어본다면 그게 바로 위험 신호다. 여러분 자신의 사용자 계정에 대해서는 여러분 자신만의 암호를 사용해야 하며 공유된 암호를 써서는 안 된다. 어떤 정보를 요청하거나, 수상한 링크를 클릭하는 전자우편을 받는다면, 보낸이, 보낸 도메인, 링크 URL을 한 번 더 살펴보자. 웹사이트에 방문 중이라면 그 사이트가 여러분이 방문하려는 바로 그 사이트인지 도메인을 확인해보자. URL 막대를 보고 안전한 사이트인지를 한 번 더 확인할 수도 있다. 여러분이 사용하려는 사이트가 아닌 경우 절대 패스워드를 타이핑하지 말라. 이상한 정보를 요청하는 경우 잠시 멈춰서 정말 그런 요청을 보냈는지 당사자에게 직접 물어보라. 이런 요청이 사기인 경우가 자주 있다.

| 2단계 인증 |

이제 있을 수 있는 보안 문제의 일부(더 많은 문제가 있다)에 대해 배웠고, 암호 관련 보안 문제나 취약점에 대해 살펴봤다. 그렇다면 우리 계정을 더 안전하게 하려면 어떤 일을 추가로 해야 할까? 사이트마다 서로 다른, 길이가 긴 암호를 쓰는게 우리가 할 수 있는 전부일까? 아니다.

여러분의 계정을 더 안전하게 만드는 핵심 단계는 2단계 인증을 활성화하고 사용하는 것이다.

암호만 사용해 계정에 로그인한다면 여러분이 여러분 자신임을 보여주는 방법, 또는 단계가 하나뿐이다.

2단계 인증2 factor authentication은 계정에 로그인하기 위해 단계를 두 번 거쳐야 한다는 뜻이다. 보통은 암호처럼 여러분이 아는 어떤 정보와 휴대전화처럼 여러분이 가지고 있는 어떤 물건을 사용해 이루어진다.

더 구체적으로, 2단계 인증이 어떻게 작동할까? 여러분은 구글 OTP 등의 2단계 인증(보통 2FA라고 적는다) 어플을 다운로드할 수 있다. 그리고 구글 등의 계정에 로그인해서 QR 코드를 스캔해 여러분의 어플과 계정을 연결할 수 있다. QR 코드는 보통 희고 검은 정사각형 점들이 들어 있는 네모 모양으로, 어떤 숫자나 링크 같은 정보를 표현한다. 계정과 어플을 연결하고 나면 2FA 앱이 30초마다 6자리 숫자를 만들어내기 시작한다. 이제 여러분의 계정에 로그인하는 단계는 다음과 같이 달라진다.

- 웹사이트 로그인 페이지로 간다.
- 사용자명과 패스워드를 입력한다.
- 2단계 인증 코드를 입력하라는 요청이 표시된다.
- 구글 OTP를 열어서 여러분의 사이트에 해당하는 코드를 찾는다.
- 찾은 코드를 입력한다.

따라서 크게 두 가지 단계를 거쳐야 된다.

① 패스워드 입력

② 2FA 코드 입력

이런 방식이 훨씬 더 안전하다. 구글 OTP가 만드는 코드를 OTP라고 부르는 이유는 여러분의 계정에 로그인하기 위해 그 시점에 단 한 번만 사용할 수 있는 암호one time password이기 때문이다.

이런 방식이 더 안전한 이유는 내 암호가 해킹당하거나 피싱 혹은 데이터가 누출되어 공격자가 올바른 암호를 알아냈다고 해도 정작 사이트에 들어가 계정을 탈취하려고 시도할 때는 추가로 2FA 코드를 입력해야만 하기 때문이다. 하지만 공격자는 이 코드를 알 수 없다! 코드를 얻으려면 내 휴대전화가 있어야 하기 때문이다. 그래서 내가 휴대전화를 가지고 있는 한, 한 단계 더 높은 보안을 사용할 수 있다. 물론 공격자가 여러분의 휴대전화를 탈취한 경우 문제가 커진다.

덜 안전한 방식으로 SMS 기반의 2FA가 있다. 이 말은 2FA 코드를 텍스트 메시지로 보낸다는 뜻이다. 가능하면 SMS 2FA 사용은 피하자. 전 공격자가 전화 회사를 사회공학으로 속여서 여러분의 전화번호를 탈취하는 SIM 교환 공격이 가능하다. 이런 사기는 실제로 많이 일어나며, 굉장히 질이 나쁜 사기다.

두 번째 단계가 텍스트 메시지인데 누군가 그 메시지를 받을 수 있다면 문제다. 2단계 인증 앱의 경우 2FA 코드를 얻으려면 실제 휴대전화가 필요하다.

| 실용적인 보안 지침 |

몇 가지 지침을 정리해보자.

| 암호

- 최소 10글자짜리 암호를 사용하라. 숫자와 대소문자를 사용하라. 암호가 더 길면 더 좋다.
- 사전 공격이나 모든 경우를 시도하는 공격을 막으려면 암호를 복잡하게 만드는 것보다 암호 길이를 늘리는게 더 유용하다.
- 사이트마다 모두 다른 암호를 사용하기 위해 암호 관리자를 사용하거나 암호 생성 규칙을 활용하라.

| 피싱과 사회 공학

- 공격자는 여러분이 직접 자신에게 여러분의 정보를 제공하게 만들어서 여러분의 암호, 계정, 또는 여러분의 신분을 탈취하려 한다. 전자우편을 보낸이, 도메인, 전자우편 내의 링크를 한 번 더 확인하라.
- 패스워드를 입력하기 전에 항상 URL을 다시 확인하고 브라우저에서 보안 아이콘을 찾아라.

| 2단계 인증

- 보안을 크게 강화하기 위해, 중요한 계정에는 2단계 인증을

설정하라. 특히 여러분의 전자우편 계정에는 2FA를 설정할 것을 강력히 권장한다. 만약 누군가 여러분의 전자우편 계정을 탈취한다면 쉽게 다른 계정들도 탈취할 수 있기 때문이다.

- SMS 기반의 2단계 인증은 안전하지 않고, SIM 교환 사회공학 공격을 통해 해킹이 가능하다.
- 구글 OTP 같은 인증 어플을 사용해 2단계 인증을 관리할 수 있다. 전화를 잃어버릴 때를 대비해 예비 수단을 준비해 둘 필요가 있다.

| 암호화폐와 블록체인 |

이제 (관련은 있지만) 다른 영역으로 넘어가서, 암호화폐와 블록체인에 대해 이야기해보자.

웹을 이루는 요소로는 분산화가 있다. 분산화라는 말은 어느 한 사람이 웹을 소유하고 있지 않다는 뜻이다. 누구든 웹에 웹페이지를 올려놓을 수 있다. 하지만 대부분의 통화 시스템은 중앙은행에 의해 제어된다. 이 말은 정부가 새로운 돈을 인쇄하고 발행한다는 뜻이다. 인터넷에서 존재하는 돈이 있는데, 분산화됐고 아무도 그 돈을 소유(마음대로 제어)하지는 않지만 누구나 사용할 수 있다면 어떨까? 이런 아이디어에서 출발한 것이 비트코인 bitcoin이다.

인터넷에 대해 설명할 때 HTTP와 HTTPS가 프로토콜이라고 이야기했다. HTTPS에서는 데이터가 암호화되기 때문에 중간에 다른 사람이 메시지를 가로챌 수 없다. 암호화를 할 때는 암호학을 사용해 암호화한다. 암호학cryptography은 통신을 안전하게 보호하는 방법을 연구하는 학문으로, 수학, 컴퓨터과학, 물리, 암호문 만들기, 코드 다루기 등의 여러 분야를 포함한다.

암호화폐cryptocurrency는 암호화와 분산화로 보호되는 디지털 화폐다. 암호화와 분산화를 하기 때문에 어느 한 사람이 암호화폐를 제어할 수 없다.

정리하면, 암호화폐는 온라인상의 통화로, 현금을 디지털화한 것과 비슷하다. 만 원짜리 지폐처럼 물리적인 실체가 있지는 않다. 그리고 정부나 중앙은행에 의해 제어되지도 않는다. 암호화폐는 분산된 노드node, 즉 네트워크에 연결된 컴퓨터를 통해 안전성이 보장된다. 각 노드는 모두 트랜잭션(거래)과 잔고의 복사본을 유지하며, 이런 정보들이 분산 원장을 구성한다. 이런 원장을 블록체인blockchain이라고 부른다.

아! 새로운 용어가 너무 많이 나와서 기억하기 힘들다.

여기서 기억해야 할 중요한 내용은 다음과 같다.

- 암호화폐는 온라인 디지털 화폐다.
- 암호화폐는 분산화되어 있다. 어느 누구도 암호화폐 전체를 제어하지 못한다.
- 암호화폐는 암호학(수학)에 의해 보안이 유지된다.
- 원하는 사람은 누구라도 암호화폐 원장의 전체 복사본을 소

유할 수 있다.

보안은 암호화폐 시스템에 참여하는 사람이 아주 많다는 사실에서 비롯된다. 암호화폐 네트워크에 참여하는 사람은 자신의 화폐 가치를 유지해야 할 인센티브가 있다. 그래서 거래가 생길 때마다 전체 네트워크에 거래 정보를 브로드캐스트broadcast*한다. 원하는 사람은 누구나 원장을 가지고 브로드캐스트된 거래가 올바른 거래인지 검증할 수 있다.

새 거래가 일어나면 그 정보가 브로드캐스트되고, '채굴자'는 브로드캐스트된 거래를 그룹으로 묶는다. 그 후 채굴자는 거래 그룹을 블록에 넣어 확정하려고 시도하는데, 이 과정에서 계산 비용이 아주 많이 드는 수학 문제를 풀어야 한다. 그리고 가장 먼저 이 수학 문제를 푸는 채굴자는 새 블록 생성에 성공하고 확정된 거래의 수수료와 약간의 암호화폐를 보상으로 받는다. 더 어려운 기술적인 내용이 많지만 방금 설명한 내용이 암호화폐의 기본적인 동작을 알려준다.

블록은 거래를 묶은 그룹이며, 새로 생기는 블록이 이전의 블록에 연결되면서 사슬chain을 만들기 때문에 블록체인이라고 불린다. 이런 구조로 인해 블록을 다른 블록으로 변경하기가 점점 더 어려워진다.

---

* 일반적으로는 방송이라는 뜻이지만 네트워크 용어로 사용할 때는 브로드캐스트라고 음차하는 경우가 많다.

| 비트코인 |

비트코인은 가장 유명한 암호화폐다. 비트코인 또한 오픈소스 소프트웨어이며 디지털 화폐다. 비트코인은 사토시 나카모토가 2008년에 만들어 2009년에 배포했다. 사토시 나카모토는 사람일 수도 있고 그룹일 수도 있지만, 아직 정체가 알려지지 않았고, 아직 비트코인 커뮤니티에서 신화적인 상태로 남아 있다. 이 책에서는 비트코인이라는 용어로 비트코인 네트워크나 비트코인 프로젝트를, 비트코인 토큰이라는 용어로 비트코인 가상화폐를 표현할 것이다.

비트코인 프로젝트 전체에 대해 배우고 싶으면 알아둬야 할 중요한 내용이 몇 가지 있다.

| 지갑

여러분이 비트코인 토큰이나 가상화폐를 가지고 싶다면 지갑이 필요하다. 지갑wallet은 가상화폐를 저장하는 은행 계정과 비슷하다. 가상화폐 지갑과 은행 계정이 다른 점은 은행의 경우 사기를 당해 계좌에 있는 돈을 도둑맞거나, 암호를 잊어버려서 계좌에 접근할 수 없을 때 은행이 도움을 줄 수 있다는 점이다. 가상화폐 지갑의 경우 여러분의 암호를 잊거나 토큰을 도둑맞았다면 복구할 방법이 없고 그걸로 끝이다. 여러분은 여러분이 소유한 코인을 완전히 제어하지만 그로 인해 새로운 위험이 생긴다.

이런 위험한 화폐를 누가 원할까? 화폐 가치가 안정적으로 유지되는 한국이나 미국 등의 국가라면 그렇게 보호 장치가 없고 변동성도 큰 화폐에 가치를 두지는 않을 것이다. 하지만 하이퍼인플레이션이 진행 중인 나라에서는 화폐 가치가 전혀 없기 때문에 가상화폐가 대안이 될 수도 있다. 비트코인이나 암호화폐를 지지하는 의견이 많이 있지만, 이와 상충되는 의견도 많고, 다양한 사람이 자기 자신의 철학을 암호화폐에 투영하고 있다. 기술적 진보주의, 자유주의, 반정부주의, 재무기법, 세계화 등의 다양한 렌즈를 통해 비트코인을 바라볼 수 있다. 정리하면, 여러분에게는 우선 지갑이 필요하다.

| 주소

지갑과 함께 주소가 필요하다. 주소는 여러분의 은행 계좌번호 같은 역할을 한다. 다음은 비트코인 주소를 보여준다.

1G1AaHTrh6MyvfdAs8ubpC6NchcESa6Uf8

이 주소는 지갑의 공개키와 관련이 있다. 기본적으로 모든 암호화폐는 공개키와 암호키를 사용하는 암호학을 사용한다.

여러분의 지갑을 보호하려면 암호나 암호구가 필요하다. 은행의 암호와 마찬가지로 암호나 암호구가 있어야 여러분의 지갑에 접근할 수 있다.

주소나 주소의 잔고는 모두 공개되어 있다. 원장이 공개되어 있고 누구나 복사본을 가질 수 있기 때문이다. 따라서 비트코인은 익명이 아니며, 유사 익명이다. 정보는 공개되어 있지만, 정보가 여러분의 신원에 직접 연결되어 있지 않을 뿐이다.[*]

| 시드 문구

다음으로는 암호키나 시드 문구seed phrase가 필요하다. 시드 문구가 무슨 말일까? 지갑을 소유한 사람은 그 지갑에 들어 있는 모든 코인을 소유한다. 지갑에는 주소가 들어 있고, 주소는 단지 공개키와 암호키 쌍일 뿐이다. 공개키는 누구나 알 수 있는 키이지만, 암호키는 진짜 암호에 해당한다. 암호키를 소유한 사람이 (그 암호키의 짝인 공개키, 주소와) 코인을 소유한다. 따라서 암호키를 절대로 공유하면 안 된다. 암호키는 아주 긴 문자열처럼 보인다. 때로 이런 암호키를 생성하기 위해 시드 문구를 사용하기도 한다. 시드 문구는 실제로는 12 단어로 이뤄진 문구로, 이를 통해 암호키를 생성할 수 있다. 이런 경우 12 단어 시드 문구는 암호키와 똑같다고 볼 수 있고, 그에 따라 실제 코인과도 같다. 따라서 시드 문구를 잃어버리고 누군가에게 그 시드 문구를 보게 된다면, 그 사람이 여러분의 암호화폐를 가져갈 수 있다.

---

[*]   어떤 주소의 잔고가 얼마고 어떤 거래를 했는지를 모두 알 수 있다는 점에서 모든 정보는 공개되어 있지만, 주소의 소유자가 누구인지를 증명하는 유일한 방법은 암호키를 통해 서명하는 것뿐이라는 점 때문에, 비트코인 주소와 그 주소의 거래 내역은 완전한 익명도 완전한 공개도 아니다.

그리고 암호화폐를 저장할 때 빠질 수 있는 함정도 있다. 여러분이 코인을 온라인 지갑이나 온라인 거래소에 저장한다면 지갑이 해킹당할 수도 있다. 한참 전에 암호화폐에 대해 공부할 때 나는 도지코인을 많이 얻었다. 도지코인은 개와 관련한 인터넷 밈을 바탕으로 하는 암호화폐. 나는 온라인 지갑에 도지코인을 저장했는데, 온라인 지갑을 해킹당해 해커가 모든 코인을 가져갔고, 결국 나는 모든 돈을 잃어버렸다. 이 경험에서 나는 일찍부터 '암호키를 직접 제어하지 않는다면 여러분의 암호화폐는 실제 여러분의 암호화폐가 아니며, 온라인 거래소에 암호화폐를 저장하면 해킹을 당할 수도 있다'라는 교훈을 얻을 수 있었다.

해킹을 당한 거래소가 많다. 그리고 은행과 달리, 거래소에서는 피해액을 보장하지 않을 수도 있다. 마운트곡스Mt. Gox는 초기 비트코인 거래소 해킹 사고 중 하나로, 거의 4억 5000만 달러의 비트코인을 잃었다.

| 가격

하지만 이런 점에도 암호화폐에 대한 관심이 커지고 있다. 이유는 암호화폐가 주장하는 누구나 사용할 수 있고 어떤 정부나 개인도 제어할 수 없는 전 지구적인 화폐 시스템이라는 거대한 약속과 이상 때문이다. 암호화폐가 주는 희망은 지불 비용을 줄여줄 것이라는 점이다. 하지만 사람들은 비트코인을 디지털화된 금처럼 바라보거나, 원자재로 생각하거나, 다른 여러 방법으로 생각한

다. 따라서 비트코인은 그 중간의 어느 상태에 있다. 2010년 1비트코인은 1/33 센트였다. 2011년 1달러, 2013년 1000달러에 도달했으며, 2017년 가격이 2만 달러에 이르렀고, 그 후 다시 3000달러로 떨어졌다가 다시 1만 달러를 회복했다. 2023년 1월 현재 비트코인 가격은 2만 3000달러 근처를 오간다.

다음 표는 매해 비트코인 가격의 변화를 보여준다.

연도	월 평균가격	최고가격	최저가격	(단위: 달러)
2009	0.00	0.00	0.00	
2010	0.18	0.50	0.00	
2011	5.68	31.90	0.30	
2012	8.45	15.40	3.90	
2013	260.35	1,241.90	13.20	
2014	513.04	1,093.40	91.70	
2015	276.23	492.80	157.30	
2016	589.80	982.60	350.40	
2017	4,299.76	19,870.60	739.50	
2018	7,183.13	17,252.80	3,177.00	
2019	7,325.84	13,929.80	3,368.20	
2020	11,499.10	19,897.40	3,869.50	

출처: investing.com, 2020년 12월

| 구입, 저장, 전송

그렇다면 비트코인을 사야 할까? 전적으로 여러분의 선택에 달렸다. 하지만 이 책에서 설명한 것처럼 해킹을 당하거나 남에

게 빼앗길 수 있다는 위험을 제대로 고려하고 결정을 내려야 한다. 암호화폐의 경우 특히 SIM 교환 공격이 위험하다.

암호화폐는 어디서 구할 수 있을까? 암호화폐를 벌기 위해 할 수 있는 일이 있다. 어떤 일은 암호화폐를 수당으로 지불한다. 다른 방법으로는 일반 화폐(미국 달러나 한국 원처럼)로 비트코인 등의 암호화폐를 살 수 있는 거래소를 통할 수도 있다. 유명한 거래소는 미국 기준 코인베이스Coinbase나 바이낸스Binance, 한국에서는 업비트, 빗썸 등이 있다. 나는 코인베이스를 사용했다. 여기서 주의할 점! 거래소 지갑은 구금형 지갑custodial wallet이다. 즉, 여러분이 아니라 거래소가 여러분의 암호키를 소유한다. 따라서 거래소가 해킹당하면 여러분의 가상화폐를 잃어버릴 수도 있다. 여러분이 비구금형 지갑, 즉 암호와 암호키를 직접 관리하는 지갑을 원할 수도 있다. 모바일 지갑 중에는 비구금형 지갑도 있다.

암호화폐를 저장하고 싶다면 거래소(가장 덜 안전하며 권장하지 않는다)나 지갑(지갑은 온라인 지갑일 수도 오프라인 지갑일 수도 있다)을 사용할 수 있다. 오프라인 지갑은 언제나 인터넷에 연결되어 있지 않은 지갑을 뜻한다. 하드웨어 지갑이라는 다른 보안 계층도 있다. 하드웨어 지갑은 여러분의 암호화폐 키를 저장하는 물리적인 장치다. 유명한 하드웨어 지갑으로는 트레조Trezor나 레저Ledger가 있다. 여기에 아이러니가 있다. 대부분의 디지털 온라인 화폐에 화폐를 저장하는 가장 안전한 방법은 완전히 오프라인에 저장하는 것이다. 가상화폐는 실제로는 암호키이고, 암호키는 암호로 대표될 수 있기에, 실제로 가상화폐는 그냥 정보일 뿐이다. 이런 점에서 가상화폐는 앞에서 설명했던 비트와 유사하다. 이 말은 누군가 국경을 넘어 큰 돈가방을 나르는 첩보 영화 같은 모습을 떠올리는 독자도 있겠지만 실제로는 아무것도 옮길 필요가 없다는 뜻이다. 대신에 암호키를 표현하는 12 단어 시드 문구만 외우면… 어떤 일이 가능한지 생각해보라.

자신의 암호구나 암호키를 종이에 적어두는 사람이나 종이에 적어 은행 금고에 넣어두는 사람도 있다. 또는 백업을 저장하는 파일이나 위치에 암호키를 넣어두기도 한다. 어떤 수단을 택하든 선택은 여러분의 몫이지만, 이런 모습은 암호화폐 백업이 얼마나 복잡한지 잘 보여준다. 여기서 여러분은 안전성과 편리성 사이의 상충관계를 명확히 볼 수 있다. 내 생각에 적당한 지점은 여러분이 완전히 제어할 수 있는 비구금형 모바일 지갑을 사용하는 것이다. 그리고 암호를 여러 장소에 백업해두라.

| 이더리움 |

비트코인은 가장 많이 알려지고 가장 비싼 암호화폐다. 두 번째로 많이 알려진 암호화폐는 이더리움ethereum이다. 다른 암호화폐도 많지만, 비트코인이 아닌 다른 암호화폐를 모두 알트코인altcoin이라고 부르기도 한다. 상당수의 암호화폐는 다른 접근 방법을 택하지만, 일부는 같은 코드를 기반으로 포크fork하기도 한다. 포크라는 말은 기존 암호화폐의 소스코드를 복사해서 새로운 암호화폐 버전을 시작한다는 뜻이다.

비트코인과 이더리움, 그리고 다른 암호화폐의 차이는 무엇일까? 이더리움과 비트코인의 차이를 이야기할 때 약간의 혼동이 있다. 비트코인은 비트코인 프로젝트와 암호화폐를 의미하고 비트코인 암호화폐를 세는 단위이기도 하다. 하지만 이더리움이라는 말은 이더리움 프로젝트와 암호화폐를 의미하지만 이더리움 암호화폐를 세는 단위는 이더ether다. 비트코인의 경우 최대 2100만 비트코인만 유통될 수 있다는 제약이 있지만 이더리움의 경우 유통량에 한계가 없다. 하지만 비트코인과 이더리움의 차이를 이해하려면 크게 한걸음 물러서서 바라봐야 한다. 이더리움은 스마트 콘트랙트smart contract를 처리할 수 있어서 비트코인과 달리 프로그램을 하기 좋다. 비트코인에는 아주 제한적인 스크립트 언어가 탑재되어 있지만, 이더리움에는 튜링 완전Turing complete한 가상기계가 들어 있다. 튜링 완전하다는 말은 모든 프로그래밍이 가능하다*는 말이다.

그래서 이더리움을 전 지구적으로 분산된 큰 컴퓨터라고 생각할 수도 있다. 이더리움 네트워크에서 실행되는 애플리케이션이나 비슷한 방식으로 블록체인 플랫폼 위에서 실행되는 애플리케이션을 분산 애플리케이션, 줄여서 댑dApp이라고 부른다. 사람들

---

* 하지만 이더리움 가상기계와 현실 세계 사이의 입출력을 지원하지 않기 때문에 자바스크립트 등 다른 프로그래밍 언어의 도움을 받아 현실의 데이터를 이더리움 가상기계 내의 메모리에 넣어야 한다. 이 과정에서 현실에서 참인 정보만 이더리움에 들어간다는 보장을 할 수 없기에 이더리움 네트워크에 올라간 정보라고 해도 그 정보가 항상 올바른 것이라는 보장은 없다.

이 온갖 좋은 것들을 자신이 가장 선호하는 블록체인 프로젝트의 덕분으로 생각하지만, 암호화폐가 시작된 지 10년이 지났지만 아직도 암호화폐는 상대적으로 실험적인 영역으로 인식되곤 한다. 사람들은 비트코인을 '디지털 금'이나 가치 저장 수단이나 통화, 원자제 등으로 바라보기도 한다. 이더리움에는 프로그래밍 가능한 부분이 있기에 비트코인과는 약간 다른 식으로 사용된다.

| 스마트 콘트랙트

이더리움에서는 스마트 콘트랙트를 이해하는 게 중요하다. 스마트 콘트랙트는 솔리디티Solidity라는 언어(C나 자바스크립트와 비슷함)로 작성되나, 다른 언어로 작성할 수도 있다. 콘트랙트는 그냥 프로그램, 즉 코드이며 이더리움 블록체인상에서 실행된다.

오늘날 스마트 콘트랙트의 사용성 문제가 아직도 상당 부분 남아 있다. 스마트 콘트랙트는 한번 배포하고 나면 수정하기 힘들고, 콘트랙트 코드에 버그가 생겨도 변경하기 어렵기 때문이다. 2016년에는 이더리움에 생긴 보안 문제로 인해 DAO라는 조직에서 모금한 5000만 달러를 탈취당했고, 이 때문에 이더리움이 포크, 즉 둘로 나뉘었다. 이제는 두 가지 버전의 이더리움이 존재한다. 주된 버전은 이더리움ETH이며, 다른 버전은 이더리움 클래식ETC이다.

스마트 콘트랙트는 여러 장단점이 있다. 스마트 콘트랙트를 응용할 수 있는 흥미로운 분야가 많이 있다. 유명해진 분야로는 이더리움 위에 새로운 토큰, 즉 새로운 암호화폐를 만들 수 있는 기능이다. 토큰에 대한 표준이 ERC-20이며, 이 표준은 (토큰을 구현하는) 스마트 콘트랙트가 어떤 함수들을 제공해야 하는지를 규정한다.

이더리움 위에서 새 토큰을 만들 수 있게 되면서, 사람들이 이더리움상에서 자금을 모집하거나 크라우드펀딩을 할 수 있게 됐다. 사람들은 이더 형태로 돈을 지원하고 새로운 토큰을 돌려받는다. 스마트 콘트랙트에 들어 있는 논리가 어떤 일이 벌어지는지를 결정하는데, 다음과 비슷한 형태다.

```
if 컨트랙으로 이더가 송금됐다면
    이더와 새 토큰의 교환 비율을 따져서 돌려줄 토큰 수량을
    계산
    새 토큰을 이더를 송금한 사람의 주소로 송금하라
```

스마트 콘트랙트를 다른 어떤 분야에 사용할 수 있을까? 이미 몇 가지 응용 분야가 이미 존재하고, 수많은 사람이 스마트 콘트랙트를 가지고 실험하고 있으며, 앞으로 더 많은 사람이 실험에 참가하리라 확신한다. 현재 기존에 몇몇 그룹이 제공하던 금융 거래들을 이더리움 상에서 수행하려는 시도가 이루어지고 있다. 이 말은 기업이나 단체에 소유권이 있는 시스템의 논리나 법적인 논리를 누구나 볼 수 있는 이더리움 스마트 콘트랙트로 구축한다는 뜻이다. 이더리움과 분산 애플리케이션을 통해 사람들은 스마트 콘트랙트에 기반한 건물 대여 사이트, 환전소, 투자 도구 등을

만들고 있다.

스마트 콘트랙트는 진정한 디지털 계약이기도 하다. 스마트 콘트랙트는 계약 논리가 법적 문서로만 존재하는 게 아니라 컴퓨터 프로그램으로 작성된 것이다.

스마트 콘트랙트는 옵션, 보험, 환전 등의 재무적 응용 분야에 사용할 수 있다. 이런 응용은 아직 실험적이지만, 단순히 법적 문서였던 내용을 컴퓨터 프로그램으로 옮기는 방법이 생겨날 것이다. 법적 문서는 상당 부분 코드와 비슷하지만 컴퓨터가 아니라 사람에 의해 해석된다.

| 공개키 암호학 |

암호학에서 기초를 이루는 분야로 공개키 암호학이 있다. 공개키 암호학public key encryption에는 두 종류의 키가 있다. 공개키는 공유될 수 있고 모두에게 알려진 키다. 암호키는 비밀로 유지돼야 하는 키다. 이 두 키는 어떤 암호학적 알고리즘에 따라 생성된 서로 연관된 키들이다. 공개키 암호학은 HTTPS의 기반이 되는 TLS의 기반을 이룬다. 웹사이트를 보안 연결로 접속하거나, 결제 정보를 보내거나, 암호화한 메시지를 보내면 모두 공개키 암호학 방식으로 처리된다. 특히 공개키 암호학을 적용할 수 있는 방법 중 몇 가지를 보면 다음과 같다.

• 공개키 암호화 공개키 암호화에서는 메시지를 수신자의 공

개키를 사용해 암호화한다. 이 말은 수신자가 자신의 암호 키를 사용해 메시지를 해독해야 한다는 뜻이다.

- 디지털 서명 디지털 서명을 사용하면 디지털 문서가 진본임을 검증할 수 있다. 여러분의 암호키로 어떤 메시지에 서명을 추가하면, 여러분의 공개키로 해당 메시지가 진본임을 확인할 수 있다.[*]

이는 공용키와 암호키가 결합된 암호화폐 지갑과 주소를 생성하는 기반이 된다.

| 디피 헬먼 키 합의

암호화한 통신을 가능하게 해주는 알고리즘으로 유명한 디피 헬먼 키 합의Diffie-Hellman key agreement 알고리즘이 있다.

이 알고리즘을 사용하면 두 당사자가 암호화 통신에 사용할 비밀 정보(보통은 암호화에 사용할 키)를 공개된 네트워크를 통해 합의할 수 있다.[**]

여러 색의 페인트를 사용하면 디피 헬먼 알고리즘을 뒷받침하

---

[*]　메시지에 대한 해시를 구하고 이 해시를 서명자의 암호키로 암호화한다. 수신자는 메시지와 암호화된 해시값을 받아서, 서명자의 공개키로 해시를 복원하고, 메시지의 해시를 직접 계산해 복원한 해시와 비교하면 메시지가 위·변조되지 않았음을 확인할 수 있다. 디지털 서명을 사용할 경우 암호화한 해시가 메시지 해시와 일치한다는 말은 원본이 변조되지 않았다는 진본 증명과 더불어, 서명한 사람이 공개된 공개키에 해당하는 암호키를 가진 본인임을 증명하는 효과도 있는데 이를 부인방지non-repudiation라고 부른다.

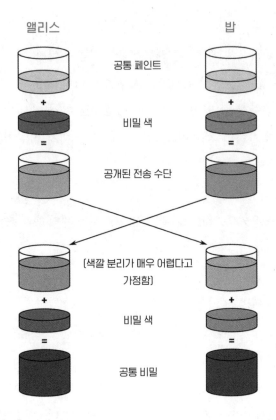

앨리스

밥

공통 페인트

+

비밀 색

=

공개된 전송 수단

[색깔 분리가 매우 어렵다고
가정함]

+

비밀 색

=

공통 비밀

는 수학을 이해할 때 도움이 될 수 있다. 경고! 이 알고리즘은 복
잡하기에 읽고 이해하려면 약간 시간이 필요하다.

　　암호화에서는 앨리스Alice와 밥Bob이라는 두 당사자 사이의 통
신을 예로 드는 경우가 많다. 그림으로 표현할 때는 두 사람을 A
와 B로 적는다. 다음은 페인트를 사용한 디피 헬먼 알고리즘이다.

**　　보안 통신을 하려면 메시지를 암호화해야 하는데 암호화를 사용하려면 암호화
와 해독을 위한 키를 양쪽 당사자가 공유해야 한다는 문제가 있다. 그렇다고 두 당사자가
항상 같은 암호만 사용하면 얼마 지나지 않아 공격자가 암호를 추측할 수 있게 된다.

- 앨리스와 밥이 공개적으로 공통 페인트 색을 결정한다.
- 앨리스와 밥은 각자 자신의 비밀 페인트 색을 결정한다.
- 이제 두 사람은 각자 자신의 비밀 페인트 색과 공통 페인트 색을 혼합한다.
- 두 사람은 상대방에게 자신이 혼합한 페인트를 전송한다.

그 후 두 사람은 전달받은 혼합 페인트에 자신의 비밀 색을 혼합한다. 이제 두 사람 모두 다른 외부 관찰자가 알 수 없는 새로운 페인트 색(또는 비밀 정보)을 알게 됐다. 여기서 보안의 근간이 유지되려면 페인트 색을 '분리'하는 게 매우 어려운 과정이어야만 한다. 이제 두 사람은 암호화 키로 사용할 수 있는 공유 암호키를 소유하게 됐다. 실제로는 이 과정을 수학, 그리고 소수와 나머지 연산을 통해 수행하지만, 매 단계는 동일하다.

디피 헬먼 알고리즘을 이해하는 다른 쉬운 방법으로는 자물쇠가 달린 상자를 사용한 디피 헬먼을 생각해보는 방식이 있다. 다음은 암호키 공유 절차다.

① 앨리스는 상자에 비밀 메시지를 넣고, 자신이 가진 열쇠로만 열 수 있는 자물쇠로 상자를 잠가서 밥에게 보낸다.

② 밥은 상자에 두 번째 자물쇠를 추가한다. 이 자물쇠는 밥이 가진 열쇠로만 열 수 있다. 밥은 상자를 다시 앨리스에게 보낸다.

③ 이제 앨리스는 자신의 자물쇠를 풀고 (이제는 자물쇠가 하나

만 달린) 상자를 다시 밥에게 보낸다.

④ 밥은 자물쇠를 풀고 상자 안의 비밀 메시지를 볼 수 있다.

앨리스   밥

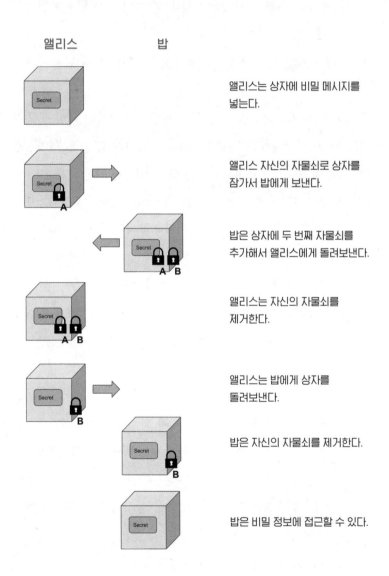

앨리스는 상자에 비밀 메시지를
넣는다.

앨리스 자신의 자물쇠로 상자를
잠가서 밥에게 보낸다.

밥은 상자에 두 번째 자물쇠를
추가해서 앨리스에게 돌려보낸다.

앨리스는 자신의 자물쇠를
제거한다.

앨리스는 밥에게 상자를
돌려보낸다.

밥은 자신의 자물쇠를 제거한다.

밥은 비밀 정보에 접근할 수 있다.

이동이 이루어질 때 상자에 자물쇠가 최소 하나 달려 있다는 점에 유의하라. 따라서 중간에 상자를 가로채서 비밀을 볼 수는 없다. 여러분도 이 과정을 직접 해볼 수 있다. 그리고 이를 통해 암호화에 사용할 암호키를 정하는 기본적인 방법을 이해할 수 있다.

방금 설명한 내용이 디피 헬먼 키 합의 알고리즘의 각 단계다.

| 암호화폐 피싱 사기 |

디지털 세계에서는 경계를 늦추지 말아야 한다. 사이버보안에 대한 기본적인 이해가 여러분에게 도움이 될 것이다. 2020년 7월 15일 일론 머스크, 빌 게이츠, 버락 오바마, 조 바이든, 카녜이 웨스트 등 유명인의 트위터 계정이 탈취돼 비트코인 사기에 이용됐다. 다음은 한 트위터 계정에 올라온 메시지다.

저는 저의 모든 재산을 사회에 환원하려 합니다.
다음 주소로 비트코인을 보내면 그 두 배를 돌려드리겠습니다.
여러분이 1000달러를 보내면 저는 2000달러를 여러분께 돌려드립니다. 단, 지금부터 30분 안에 도착한 비트코인만 유효합니다.
bc1qxy2kgdygjrsqtzq2n0yrf2493p83kkfjhx0wlh

행운을 누리세요!

이제 여러분이 새로 배운 지식을 바탕으로 어떤 일이 벌어졌는지 파악할 수 있을 것이다. 해커가 트위터 관리 도구에 대한 접근 권한을 얻기 위해 특정 사람을 대상으로 피싱 공격이나 사회 공학 공격을 수행했다. 트위터 관리도구를 통해 해커는 영향력이 있는 사용자들이 보낸 것처럼 메시지를 보낼 수 있었다. 이 메시지에는 긴급하다는 느낌과 금전 요청 등 수상한 부분이 많다. 이 메시지는 송금 후 결코 취소할 수 없는 비트코인을 요청했다. 그리고 돈을 받기 위해 비트코인 주소를 공유했다.

7장 알고리즘

나는 고등학교 때 처음 컴퓨터과학 수업을 들었다. 코딩 방법을 배울 때 무언가 새로운 경지에 이를 때마다 '아하!' 하는 순간이 있다. '아하!' 순간은 여러분이 '와, 이건 엄청난데' 하고 깨닫게 되는 순간을 말한다. 또는 뚝딱뚝딱 만진 끝에 무언가가 작동했다면 "내가 해냈어!"라고 말할 수 있다. 내가 아하! 순간을 처음 겪었던 프로그램은 추측 게임이었다. 추측 게임은 간단한 게임이지만 멋지다! 기본 아이디어는 사용자가 임의의 수를 고르고, 컴퓨터가 그 수가 무엇인지 추측하되 사용자는 컴퓨터의 추측이 자신이 생각한 수보다 더 큰지 작은지 힌트를 주는 것이다. 나는 이번 장에서 추측 게임의 알고리즘을 알려줄 것이다.

알고리즘은 컴퓨터가 따를 수 있는 단계별 과정을 뜻한다. 추측 게임을 하기 위한 알고리즘을 만들 수 있다.

여러 다른 분야에서도 단계별 과정을 볼 수 있다. 여러분의 아

233

침 루틴은 무엇인가? 일어나서 이를 닦고, 샤워하고, 침대를 정리하고, 아침을 먹거나 이와 비슷한 변종일 것이다. 루틴은 단계별 과정이다. 따라서 루틴도 알고리즘이다.

여러분이 가장 즐겨 하는 요리가 있는가? 나는 쿠키 굽는 걸 좋아한다. 먼저 오븐을 예열하고 나서 달걀, 밀가루, 설탕을 준비해 정해진 방법대로 재료를 섞는다. 이런 조리법도 단계별 과정으로 알고리즘이다.

강아지 카렐이 테니스공을 세계의 모든 점에 놓게 하는 프로그램을 작성한다면, 구체적인 단계별 과정을 거쳐 카렐이 목표를 달성하게 코드를 작성해야 한다. 여러분은 한 줄씩 지그재그로 다니면서 각 줄을 테니스공으로 채울 수도 있다. 또는 한 줄에 테니스공을 다 놓고 다시 그 줄의 시작 지점으로 돌아와 한 칸 위로 올라가는 방식을 택할 수도 있다. 어떤 방식을 택하든 모두 알고리즘이다. 특히 여러분은 알고리즘을 의사코드로 바꾸고, 나중에 컴퓨터가 수행할 수 있는 잘 정의된 프로그램으로 바꾸게 된다.

하지만 알고리즘을 이해하기 위해 알고리즘에 대해 더 폭넓게 생각해야 한다. 알고리즘이 될 수 있는 아침 루틴 예제를 다시 생각해보자.

| 아침 루틴 알고리즘 |

- 일어난다
- 이를 닦는다

- 샤워한다
- 침대를 정리한다
- 아침을 먹는다

이 루틴은 단계별로 명확히 무엇을 할지 지시한다. 하지만 컴퓨터에게 각 단계를 지시하려면 아주 구체적으로 지시해야 할 필요가 있다. 컴퓨터가 '침대를 정리한다'라는 말을 이미 이해할 수 있는가, 아니면 더 구체적으로 세부 단계를 정의할 필요가 있는가? 그렇다면 알고리즘이란 무엇일까?

알고리즘은 컴퓨터가 어떤 과정을 실행하게 만들기 위해 우리가 컴퓨터에게 줘야 하는 순차적인 명령들을 뜻한다. 알고리즘은 어떤 문제를 푸는 방법일 수도 있다. 그리고 일부 복잡한 알고리즘도 있지만, 알고리즘이 꼭 복잡할 필요는 없다.

| 검색 알고리즘 |

카드 덱이 있는데 거기서 어떤 카드, 예를 들어 스페이드 9를 찾으려 한다. 어떻게 그 카드를 찾을 수 있을까? "그냥 찾아보면 되지"라고 말할 수도 있다. 하지만 이 과정을 알고리즘으로 만들려면 (알고리즘을 보고 누구나) 되풀이할 수 있는 방식으로 각 단계를 정의해야 한다. 덱이 잘 섞여 있다고 가정하자. 다음은 구체적인 알고리즘이다.

카드 찾기 알고리즘

덱의 맨 위부터 시작한다

for 덱의 모든 카드에 대해

　　카드를 본다

　　카드가 찾으려는 카드면 카드를 찾고 끝난다

　　그렇지 않다면 다음 카드로 진행한다

이 알고리즘은 정렬이 되지 않은 카드 덱에서 카드를 찾는 과정을 아주 구체적으로 보여준다. 컴퓨터과학에서는 검색이 아주 자주 일어나는 일이기 때문에 다양한 검색 알고리즘이 있다.

사전에서 원하는 단어의 정의를 어떻게 찾을 수 있을까? (실제 물리적인 사전에서 찾는다고 가정하자.) 한 가지 방법으로 첫 페이지부터 시작해서 원하는 단어를 찾을 때까지 한 페이지씩 살펴보는 방식이 있다. 이런 알고리즘은 카드 찾기 알고리즘과 거의 같아 보인다.

사전에서 단어 찾기 알고리즘

사전의 맨 앞부터 시작한다

for 사전의 모든 단어 대해

　　단어를 본다

　　단어가 찾으려는 단어면 단어를 찾고 끝난다

　　그렇지 않다면, 다음 단어로 진행한다

이 알고리즘의 문제는 시간이 너무 오래 걸린다는 점이다. 찾는 단어가 Z로 시작하는 단어라면? 찾으려는 단어의 첫 번째 글자 알파벳에 해당하는 페이지로 바로 이동하면 조금 더 문제를 쉽게 풀 수 있다. 이런 착상이 알고리즘을 어떻게 달라지게 하는지 살펴보자.

사전에서 단어 찾기 알고리즘 2.0
찾으려는 단어의 첫 번째 글자를 알아낸다

알아낸 글자에 해당하는 사전 부분으로 페이지를 이동한다

찾으려는 단어의 첫 번째 글자와 같은 글자로 시작되는 모든 사전 단어에 대해

   단어를 본다

   단어가 찾으려는 단어라면 단어를 찾고 끝난다

   그렇지 않다면 다음 단어로 진행한다

이렇게 하면 시간을 꽤 절약할 것이다. 알고리즘을 분석하는 분야가 있는데, 이런 분야를 알고리즘의 복잡도complexity 분석이라고 부른다. 복잡도 분석은 조건에 따라 알고리즘이 어떤 식으로 동작하고, 얼마나 빠른지 분석하는 분야다.

이제 게임을 하나 해보자. 게임은 추측 게임이다. 1에서 100 사이의 수를 하나 선택하라. 골랐는가? 좋다, 이제 내가 그 수를 맞춰보겠다.

1인가? 2인가? 3인가? 4인가? 5인가? 6인가?

어떤 방식인지 감이 올 것이다. 아직 그리 좋지 못하지만, 여러분에게 내 알고리즘을 보여준다.

수 추측 알고리즘 1.0

1부터 시작한다

사용자가 생각한 수를 추측할 때까지 반복한다

    현재의 수를 사용자가 생각한 수로 추측한다

    현재의 수가 사용자가 생각한 수라면 성공으로 끝난다

    그렇지 않다면 현재의 수를 1 증가시키고 계속 반복한다

여러분이 99를 생각했다면 그 수를 알아내기까지 꽤 오랜 시간이 걸릴 것이다. 평균적으로는 50번 추측해야 한다. 따라서 이 알고리즘은 전혀 훌륭하지 않다. 만약 여러분이 생각할 수 있는 수의 범위가 100만까지라면 어떤 일이 벌어질지 상상해보라.

수를 추측하는 더 나은 방법을 생각해낼 수 있는가? 한 가지 방법은 중간에서 시작하는 것이다. 여러분이 40을 추측했다면, 다음은 내가 시도해볼 수 있는 다른 방법을 보여준다.

50인가? 아니, 더 낮춰

25인가? 아니, 더 높여

37인가? 아니, 더 높여

43인가? 아니, 더 낮춰

40인가? 응

1부터 시작해서 매번 1씩 증가시키는 알고리즘에서는 가능한

경우의 수 가운데 단 하나만 지워나간다. 하지만 여기서는 중간 수부터 시작하고, 사용자가 선택한 수가 추측한 수보다 더 높은지, 낮은지에 따라 남은 경우의 수 가운데 절반을 지워나간다.

다음은 내 알고리즘이다.

수 추측 알고리즘 2.0

bottom을 1로 설정한다

top을 100으로 설정한다

사용자가 생각할 수를 추측할 때까지 반복한다:

    bottom과 top의 중간값을 계산한다

    중간값이 사용자가 생각한 수라고 추측한다

    추측이 맞다면 성공으로 끝난다

    if 추측이 사용자가 생각한 수보다 크다면:

        bottom을 추측보다 1 큰 수로 설정한다

    if 추측이 사용자가 생각한 수보다 작다면:

        top을 추측보다 1 작은 수로 설정한다

이 알고리즘은 조금 전 여러분이 추측한 40을 맞히기 위해 썼던 바로 그 알고리즘이다. 이런 검색을 2진 검색binary search이라고 부른다. 사용자가 생각해낼 수 있는 수의 범위가 아무리 커진다 해도 2진 검색은 무리 없이 작동한다.

1부터 100 사이의 수를 맞히기 위해 얼마나 많은 추측이 필요할까? 최대 7번이다.

1부터 1000 사이의 수를 맞히기 위해 얼마나 많은 추측이 필요할까? 최대 10번이다.

1부터 100만 사이의 수를 맞히는 경우에는? 최대 20번이면 충분하다. 엄청나게 대단한 일이다. 한 번에 하나씩 추측하는 초기 알고리즘으로 같은 시도를 한다면 평균 50만 번 추측해야 한다. 이제 좋은 알고리즘이 얼마나 강력한 능력을 보여줄 수 있는지 볼 수 있다.

··> **실전 연습**

알고리즘 테스트

---

readwritecodebook.com 홈페이지 7장에서 추측 게임 프로그램을 직접 실행해볼 수 있다.

| 최단경로 |

지도를 꺼내 보자. (종이 지도가 있는가?) 지금 여러분은 친구 집까지 가는 경로를 확인해보려 한다. 지도를 살펴보고 친구 집의 방향이 어디인지 알아낸 후, 친구 집에 도착할 때까지 여러 길을 서로 연결하려고 시도한다. 여러분이 여행을 계획 중인데, A 지점에서 B 지점까지 가는 방법이 다양하다고 가정해보자. 여러분은 어떤 식으로 A에서 B 지점으로 여행하겠는가? 요즘이라면 구글맵(혹은 T맵이나 카카오맵) 등을 사용할 것이다. 목적지를 입력하면 가능한 경로를 지도 어플이 계산해준다. 구글 맵이 어떤 알고리즘을 사용하는지는 모르지만, 컴퓨터과학에는 이런 유형의 계획과 관련이 있는 기초 알고리즘이 몇 가지 존재한다.

가장 유명한 알고리즘은 다익스트라 알고리즘으로 최단경로 알고리즘이라고도 한다. 이 알고리즘은 두 지점 사이에 가장 짧은 경로를 찾아준다. 문제는 '어떻게 실제 세계의 지도나 도로망에서 컴퓨터가 이해할 수 있는 데이터 구조를 생성할 수 있겠는가?'다. 코드에서는 이런 도로망을 그래프graph로 표현한다. 여기서 그래프는 x 좌표와 y 좌표를 바탕으로 선을 그리는 그래프와는 다른 용어다. 이 그래프는 노드와 간선edge의 모음을 뜻한다.

여러분이 익숙한 그래프로는 페이스북 등의 SNS에 활용되는 '사회관계망 그래프'일 것이다. 이 그래프에서 각 노드는 사람이다. 간선은 두 사람을 연결하는 선이며, 친구 관계를 표현한다.

다음은 작은 친구 그룹을 표현한 그래프이다. 각 동그라미는 '노드'로 사람을 표현한다. 각 선은 '간선'으로 관계망에서 연결을 표현하며, 두 사람이 서로 친구 사이 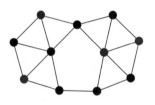 라는 뜻이다. 다른 그래프를 살펴보자. 다음은 미국 도시들을 표현하는 간단한 지도다.

이 지도를 그래프로 이해해보자. 각 노드는 도시이며 원으로 표시했다. 간선은 도로나 고속도로로, 여기서는 두 도시를 연결하는 직선으로 표시했다.

이제 샌프란시스코에서 시카고로 가고 싶다고 하자. 가장 좋

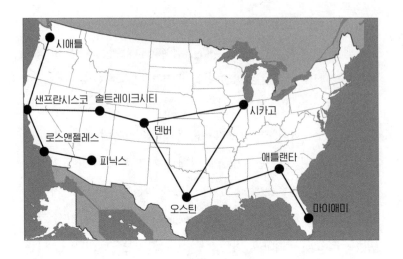

은 경로는 무엇일까? 이 지도를 노드와 간선으로 추상화할 수 있고, 그렇게 되면 그래프에 적용할 수 있는 알고리즘을 모두 (이 지도를 추상화한 그래프에 대해) 적용할 수 있다. 이 지도는 단순화한 지도지만, 더 복잡한 지도에서도 똑같은 원칙이 적용된다.

이런 배경을 알고, 이제는 여행 계획을 다시 생각하자. 샌프란시스코에서 시카고로 가는 가장 짧은 경로는 무엇일까? 아무 경로나 택하는 방식으로 추측을 시작할 수도 있다. 이런 방식도 실제 알고리즘이 될 수 있지만 그렇게 좋은 알고리즘은 못 된다.

다익스트라의 알고리즘은 최단 경로를 찾아준다. 모든 도시를 노드로, 도로를 간선으로 표현하면 다익스트라 알고리즘을 적용할 수 있다.

먼저 '출발점source'이 있다. 출발점은 지도(여기서는 그래프)상에서 우리가 출발하는 장소를 말한다. 출발점은 샌프란시스코다.

출발점은 시작점이다.

그리고 '도착점target'이 있다. 도착점은 우리가 가려는 장소, 즉 목적지다. 여기서는 시카고가 도착점이다.

우리는 출발점부터 시작해(출발점까지의 거리는 '0'으로 표시한다) 출발점이 아닌 모든 다른 도시까지의 거리를 '모름'이라고 표시해두는 것부터 시작한다.

다음으로 모든 도시를 리스트에 넣는다. 이 리스트에서 최선인 도시를 먼저 꺼낼 수 있다(이런 식으로 어떤 우선순위에 따라 최선인 정보를 먼저 제거할 수 있는 큐를 우선순위 큐priority queue라고 부름). 따라서 다음으로 방문할 수 있는 도시 가운데 최선의 선택지를 먼저 선택한다. 여기서 맨 처음 꺼낼 수 있는 도시는 출발점이다(왜냐하면 거리가 0이기 때문이다). 그 후 이렇게 꺼낸 도시의 이웃 도시를 모두 찾아본다.

어떤 도시의 이웃 도시란 다른 도시를 거치지 않고 도로를 통해 직접 이동할 수 있는 도시를 뜻한다. 따라서 그래프에서 샌프란시스코에 직접 연결된 모든 도시를 샌프란시스코의 이웃 도시라고 한다. 샌프란시스코의 이웃 도시는 시애틀, 솔트레이크시티, 로스앤젤레스다.

그리고 현재 거리0에 이웃 도시까지의 거리를 더한다. 이렇게 계산한 거리와 현재 알려진 출발점부터 해당 도시까지의 가장 짧은 거리를 비교해서 새로 계산한 거리가 더 짧다면 해당 도시까지 이르는 알려져 있는 가장 짧은 경로를 계산한 값으로 바꾼다. 그리고 우선순위 큐에서 다시 거리가 가장 짧은 다른 도시를 꺼내면서 이런 과정을 (우선순위 큐에서 꺼낼 수 있는 도시가 없거나, 목적지를 꺼낼 때까지) 계속 반복한다.

이 알고리즘이 어떻게 작동할까? 한 가지 방법은 한 단계씩 알고리즘을 따라 하면서 어떤 일이 벌어지는지 살펴보는 것이다. 각 단계를 따라 하면서 종이에 현재 상황(그래프와 그래프 각 노드의 현재까지 알려진 최단 거리)을 적고 시각화해보자.

그래프에서 최단거리를 얻는 과정을 볼 수 있는 다른 장소로는 링크드인LinkedIn을 들 수 있다. 링크드인은 직업을 구하기 위한 SNS이다. 링크드인은 여러분이 어떤 사람과 연결되어 있다는 사실을 알려주고, 혹시 직접 연결되어 있지 않다면 얼마나 가깝게 연결되어 있는지를 보여준다. 링크드인은 여러분이 다른 사람과 2단계 만에 연결된다든지, 3단계 만에 연결된다든지 하는 사실을 알려준다.

2단계 연결은 여러분과 연결된 어떤 사람과 바로 연결된 (그러나 여러분과 직접 연결되지는 않은) 사람이다. 즉, 이 사람은 여러분과 공통인 친구가 있지만 여러분의 친구는 아닌 사람이다.

3단계 연결은 연결을 세 번 거쳐야 하는 연결이다. 이런 사람을 찾기 위해서는 링크드인에서 연결된 사람의 연락처를 다익스트라 알고리즘을 통해 찾으면서 최단 경로를 찾을 수 있을 것이다.

| 재귀 |

알고리즘을 함수로 생각할 수 있다. 함수에는 입력과 출력이

있고 어떤 처리 과정을 정의한다. 알고리즘을 작성하는 과정에서 여러분은 여러 명령과 지시를 사용해 문제를 해결할 수 있다. 카드 덱 검색 알고리즘을 작성한다고 가정하자. 아마 for 루프를 돌면서 검색 결과를 조건문으로 검사할 것이다.

알고리즘에 따라서는 함수가 자기 자신을 호출하도록 작성할 수도 있다. 이를 재귀recursion라고 부른다. 재귀는 혼동을 불러오기 쉽고 이해하기도 어려운 개념이기 때문에, 여기서 재귀에 대해 생각하는 방식을 몇 가지 보여준다.

피보나치수Fibonacci number를 계산하는 과정을 통해 재귀 함수와 알고리즘을 알아볼 수 있다. 피보나치수 정의는 다음과 같다.

첫 번째 수 F(0)은 0이다.
두 번째 수 F(1)은 1이다.
세 번째부터 모든 피보나치수는 바로 앞에 있는 두 수의 합이다.

이 말은,

F(n) = F(n-1) + F(n-2)

따라서 다음 피보나치수인 F(2) = 0 + 1 = 1이다.
다음은 피보나치수를 처음부터 나열한 것이다.

0, 1, 1, 2, 3, 5, 8, 13, 21, 34

각 피보나치수가 이전 두 피보나치수의 합계라는 점을 볼 수 있다. 어떤 대상이 자기 자신을 바탕으로 '정의'된다면, 이 대상은 재귀적이다.

재귀에서는 기본적인 경우base case가 있다. 기본적인 경우는 미리 정의할 수 있는 내용이다. 여기서 기본인 경우는 처음 두 피보나치수로, 0과 1이다.

다음은 피보나치수를 계산하는 파이썬 프로그램이다.

```
# 이 함수는 재귀적인 피보나치 함수다
def fibonacci(n):
    # 기본적인 경우
    if n==0:
        return 0
    if n==1:
        return 1

    # 재귀적인 경우
    return fibonacci(n-1) + fibonacci(n-2)
```

여기서 함수의 마지막 줄이 실제로 함수 자기 자신을 호출한다는 점을 기억하자! 피보나치 함수는 피보나치 함수를 호출한다. 이 함수가 재귀적 함수다. 함수 앞의 몇 줄은 기본적인 경우를 정의한다. 기본적인 경우를 빼먹으면 함수가 영원히 실행되다가 프로그램이 종료된다. 이런 경우를 무한 재귀라고 부른다.

```
# 최초 10개의 피보나치수를 출력한다
for x in range(10):
    print(fibonacci(x))
```

재귀 함수를 몇 가지 살펴보면서 감을 잡아보자. 다음은 제곱수를 계산하는 재귀 함수다.

x의 y제곱, 즉 x^y를 계산하고 싶다면 어떻게 해야 할까? 예를 들어 2^3을 어떻게 계산할 수 있을까? 한 가지 방법은 2^3을 2^2×2로 생각하는 방법이다. 이런 식으로 문제를 재귀적으로 풀려면 한 단계 작게 문제를 축소해야 한다. 이 과정은 귀납적인 추론을 활용한다. 여러분이 기본적인 경우를 해결할 수 있고, n번째 경우를 n-1번째 경우를 조합해 해결할 수 있다면, 여러분이 모든 경우를 해결할 수 있다는 뜻이다. 이 개념은 아주 강력한 개념이다! 다만 이해하려면 약간 시간이 필요하다.

제곱에서 기본적인 경우는 어떤 수의 0제곱이다. 예를 들어 2^0은 1이다(0이 아닌 모든 수의 0제곱은 1이다).

다음은 우리 접근 방법을 의사코드로 작성한 것이다. 내가 의사코드를 먼저 쓰는 이유는 알고리즘을 이해할 때 의사코드를 쓰는 게 더 쉽기 때문이다. 의사코드를 프로그램이 언어로 바꾸면 알고리즘을 코드로 작성할 수 있다. 의사코드는 프로그래밍 언어와 무관하기 때문에 여러 다른 언어로 이를 구현할 수 있다.

재귀적인 제곱 계산

Power(밑m, 지수n)

기본적인 경우:

    n이 0이면 1을 반환

재귀적인 경우:

    return Power(m, n-1) X m

파이썬 코드로는 다음과 같이 알고리즘을 작성할 수 있다.

```python
# m의 n제곱을 계산하는 재귀 함수
def power(m, n)
    if n==0
        return 1
    return power(m, n-1) * m


# 2의 거듭제곱에 대해 power 함수를 테스트해보자
for x in range(10):
    print(power(2, x))
```

재귀를 시각적으로 보여주는 좋은 예는 러시아 마트료시카 인형이다. 이 인형은 인형 안에 크기가 다른 인형이 계속해서 들어 있다. 어떤 문제를 풀기 위해서는 문제를 조금 작게 만들고, 다시 조금 더 작게 만들고, 조금 더 작게 만들고, 조금 더 작게 만들어서 기본적인 경우에 도달할 때까지 반복한다. 기본적인 케이스가 바로 마트료시카에서 더이상 열 수 없는 가장 작은 인형이다.

⟩ **실전 연습**

재귀적인 지수

readwritecodebook.com 7장에서 이 코드를 보고 실행할 수 있다. 이 예제는 2의 거듭제곱을 출력한다. 이 프로그램을 수정해서 3의 거듭제곱 계산식을 만들 수 있을까?

| **백트래킹** |

다른 알고리즘과 문제 해결 기법도 많이 있다. 하지만 여러분이 알아두면 재미있을 내용이 있다. 이 알고리즘은 백트래킹 backgracking이라고 불리며, 보통 재귀적으로 많이 구현된다. 백트래킹은 처음에 문제를 앞으로 진행하면서 해결하려고 시도하다가, 더이상 진행할 수 없는 상황에 도달하면 진행을 멈추고 뒤돌아가서 직전의 올바른 단계부터 다른 단계를 시도하는 문제 해결 방식이다.

미로찾기나 스도쿠 퍼즐을 풀 때 백트래킹이 도움이 된다. 여러분이 미로 안에 있다고 생각해보자. 여러분이 취할 수 있는 한 가지 방법은 어떤 경로를 계속 진행하다가 더이상 나갈 수 없는 막다른 골목에 도달하면 다시 다음 가능한 경로를 시도하기 위해 '백트래킹'하는 것이다. 아마 여러분은 이미 이와 비슷한 방식으로 미로를 찾고 있을 것이다! 여기서 문제는 여러분이 가진 아이디어나 처리 과정을 어떻게 컴퓨터가 이해할 수 있는 구체적인 내용으로 바꿀 수 있는가다.

다음은 일반적인 백트래킹 알고리즘의 의사코드다. 여기서 미로의 현재 위치에 해당하는 것이 '현재 상태'다.

백트래킹 알고리즘

```
function backtrack(현재 상태)
    # 기본적인 상태는 현재 상태가 잘못됐거나, 문제가 해결된
    경우다
    if invalidState(현재 상태)
        return
    if isSolutionState(현재 상태)
        return 해답을 찾음
    # 다음으로 현재 상태로부터 가능한 다음 상태를 모두
    얻어서 backtrack을 호출한다
    for 현재 상태에서 도달할 수 있는 모든 다음 상태에 대해
        backgrack(다음 상태)
```

따라서 이 의사코드는 약간 더 고수준에서 작성한 것처럼 보인다. 하지만 이 의사코드를 조금 더 조작해서 실제 미로를 찾는 것처럼 보이게 만들거나, 미로와 관련된 용어를 사용해 의사코드를 작성해보자.

```
function solveMaze(현재 상태)
    # 여러분이 미로에서 올바른 위치에 있는지 검사한다.
    올바른 위치란 미로 내에서 이미 방문한 적이 없는 위치다
    if invalidState(현재 상태)
        return false


    # 목적지에 도착했는지 검사한다
    if isSolutionState(현재 상태)
        return true


    # 동서남북으로 진행을 시도해본다
    현재 위치를 방문했던 위치로 표시함
    if solveMaze(북쪽) return true
    if solveMaze(동쪽) return true
    if solveMaze(남쪽) return true
    if solveMaze(서쪽) return true
    현재 위치를 방문하지 않았던 위치로 표시함
    return false
```

백트래킹 알고리즘으로 미로 찾기

이 알고리즘이 여러 미로를 해결하는 모습을 직접 볼 수 있다.
readwritecodebook.com에서 다양한 경로를 탐험하면서 진행했던
위치를 표시하고 막다른 골목에 도달하면 백트래킹을 하면서 어떻
게 미로를 해결하는지 살펴보자.

| 카렐과 미로 찾기 |

일반적으로 알고리즘이나 코딩에서는 문제를 해결하는 방법
이 여러가지인 경우가 많다. 어떤 프로그램이나 알고리즘이 있다
면 그 득실관계를 잘 따져봐야 한다. 때로는 어떤 정해진 유형의
문제만 풀 수 있는 간단하고 멋진 알고리즘이 있는 경우도 있다.
이전에 살펴본 미로 찾기 알고리즘을 우리가 가장 좋아하는 컴퓨
터 강아지인 카렐에게 적용해보자. 카렐이 미로를 찾게 하고 싶
다고? 어떻게 그렇게 할 수 있을까?

가장 유명한 미로 찾기 알고리즘은 우수법right hand rule으
로, 모든 벽이 서로 연결된 경우에 제대로 작동한다. 우수법은 여
러분이 미로 벽에 오른쪽 손을 대고 벽에서 손을 떼지 않고 계속
앞으로 진행하는 방식이다. 이 과정을 계속 반복하면 언젠가는
출구를 찾을 수 있다.

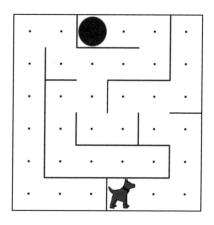

다음은 카렐이 우수법으로 미로를 찾게 하는 코드다.

```
/* 카렐은 우수법을 사용해 미로를 찾는다. 미로 끝에는 공이
  있고,
  카렐은 동쪽을 바라보면서 미로 탐색을 끝낸다.
*/
while(noBallsPresent()){
    if(rightIsClear()){
        turnRight();
    }
    while(frontIsBlocked()){
        turnLeft();
    }
    move();
```

```
}
takeBall();
faceEast();
/* 카렐이 동쪽을 바라보게 회전시킨다. */
function faceEast(){
   while (notFacingEast()){
      turnRight();
   }
}
```

readwritecodebook.com의 예제 페이지에서 카렐이 미로를 찾으면서 각 단계를 실행하는 모습을 살펴볼 수 있다.

여러분이 수를 추측하든, 미로를 찾든, 또는 심지어 어떤 미래를 예측하려고 하든 코드를 사용해 문제를 푸는 데 있어 알고리즘은 문제를 이해하고 분해한 이후 수행하는 두 번째 단계다.

## 8장

인공지능

• • •

중국 상하이를 여행하면서 강변 지역을 산책한 적이 있다. 중국의 신호등은 약간 다른 형태였는데, 미국 신호등은 정지와 진행을 알려주는 신호가 전부이지만, 상하이 신호등은 얼굴 인식 기술을 통해 보행자의 얼굴을 촬영해 공개하는 스마트 신호등이었다. 길을 건너자 화면은 특정 사람의 얼굴을 확대해 표시했다. 나는 무슨 일이 일어나는지 이해하려고 애쓰면서 혼동과 놀람을 동시에 느꼈다.

마치 카메라가 무단횡단을 하는 사람을 식별하는 것처럼 보였다. 중국의 선진화된 얼굴 인식 기술을 통해 특정 사람의 얼굴을 인식한 것 같았다. 어떻게 이런 일이 가능할까? 컴퓨터가 이와 같은 능력을 배울 수 있게 하는 수단은 무엇일까?

| 인공지능이란 무엇인가 |

얼굴 인식은 컴퓨터가 '배운' 기능 중 하나다. 얼굴 인식은 다른 프로그램처럼 단순한 코드, 또는 어플이다. 하지만, 얼굴 인식 프로그램은 인공지능이라는 새로운 범주에 속하는 프로그램이다. 인공지능Artificial Intelligence, AI은 인간의 지능과 연관된 일을 컴퓨터가 시뮬레이션할 수 있게 해주는 기술을 뜻한다. 인공지능의 세부 범주로는 추론, 계획, 학습, 자연어처리, 인식 등이 있다. 예제를 보면 좀 더 쉽게 인공지능을 이해할 수 있다.

인식 분야에는 컴퓨터 비전 같은 기능이 들어간다. 컴퓨터가 뭔가를 볼 수 있을까? 여러분이 사물을 보는 방식과 같은 방식은 아니다. 하지만 사람들은 사람의 시각과 비슷한 결과를 보여주는 프로그램을 만들고 있다. 컴퓨터가 이미지, 즉 픽셀들을 받아서 그 이미지가 무엇인지 알아낸다. 이런 범주에 들어가는 영역으로는 얼굴 인식, 즉 컴퓨터가 개별 얼굴을 알아볼 수 있게 훈련시키는 것이 있다. 사람에게는 얼굴 인식이 아주 쉬운 일이지만, 컴퓨터가 얼굴을 인식하게 하는 것은 매우 복잡하다. 또는 컴퓨터가 어떤 물건을 인식하게 하는 것도 인식 분야에 속한다. 예를 들어 여러분의 책상에 그림이 있다면 컴퓨터가 여러분의 책상에 무엇이 있는지 식별할 수 있을까? 그리고 음성 인식도 이 분야에 속한다. 여러분이 스마트폰으로 구글이나 시리에게 무언가를 말하면 어떻게 구글이나 시리가 여러분이 말한 내용을 이해할 수 있을까?

자연어 처리 분야에는 컴퓨터가 자연어(사람이 쓰는 말)을 이해하게 만드는 방법을 알아내는 것이다. 나는 대학에서 인공지능을 전공했다. 그리고 인공지능에서 흥미로운 점은 사람이 할 때는 아주 쉬운 일이 컴퓨터에는 너무나 복잡하다는 점이다. 자연어 처리natural language processing, NLP에서 우리는 컴퓨터가 문장의 의미를 이해하고, 어떤 본문에 대한 질문에 답하고, 문장의 문법 구조를 이해하고 설명하며, 한 언어를 다른 언어로 번역하게 만드는 프로그램을 작성하려고 노력 중이다. 요즘은 이런 인공지능 분야 중 많은 부분을 아마존 알렉사, 구글 어시스턴트, 애플 시리 등의 음성 비서 형태로 쉽게 사용할 수 있다.

계획 분야에는 로보틱스와 관련한 여러 문제가 포함된다. 한 가지 영약은 움직임을 계획하는 것이다. 어떻게 공장 조립라인의 로봇팔이 유용한 움직임을 보이게 할 수 있을까? 어떻게 로봇팔이 기본 작업을 마무리하게 할 수 있을까? 로봇 움직임 계획에서도 역시 역설적인 점은 사람에게 아주 간단한 동작도 로봇에게는 정말 어렵다는 점이다. 이런 문제를 모라벡Moravec의 역설이라고 부른다. 이 역설은 어린아이도 할 수 있을 정도의 일이나 사람들에게는 아주 저수준인 일조차도 컴퓨터에 가르칠 때는 무척 어려운 문제가 된다는 뜻이다. 달리기나 뛰어넘기 등의 간단한 움직임을 컴퓨터가 마무리하거나, 어린아이도 이해할 수 있는 언어를 컴퓨터가 이해하는 것은 매우 어렵다.

학습 분야로는 컴퓨터에 어떤 일을 하는 방법을 직접 연습시키거나 간접적인 방법을 써서 가르치는 일이 들어간다. 여러분은 아마도 데이터의 상관관계에 대해 배웠을 것이다. 또는 영화를 추천하는 방법을 배울 수도 있다. 게임을 플레이하는 방법에 적용된 AI도 많다. 어떻게 컴퓨터가 체스나, 오목이나 바둑을 배우게 할 수 있을까? 그렇다면 대체 컴퓨터가 무언가를 '배운다'는 말은 어떤 의미일까?

| 기계학습 |

기계학습이란 무엇일까? 기계학습machine learning은 인공지능의 한 분야다. 기계학습은 컴퓨터가 어떤 것을 배우는 방법과 여러분이 컴퓨터에 어떤 것을 가르치는 방법을 알아내는 분야다. 기계학습에 다양한 기법과 분야가 있다.

일반적으로 여러분이 학습하고 싶은 문제나 해결하고 싶은 과제에 대해 생각해야 한다. 그다음 컴퓨터에 여러 예제를 데이터로 제공한다. 그리고 컴퓨터 프로그램은 입력 데이터에서 가장 최선의 결과를 얻기 위해 타당한 동작을 알아낼 수 있는 수학적, 통계학적 모델을 만들어낸다.

여러분이 프로그램이 연습할 수 있도록 제공하는 데이터는 훈련 데이터training data나 훈련 집합이라고 부른다. 컴퓨터는 훈련 집합에서 무슨 일을 할지 결정할 때 쓰는 모델을 만들어낸다.

기계학습 분야 중에는 지도학습supervised learning이 있다. 지도학습에서는 훈련 데이터에 레이블을 붙인다. 이 말은 우리가 입력과 입력에서 얻을 수 있는 결과를 모두 다 안다는 뜻이다. 우리가 위치와 크기에 따른 집의 가격을 예측하거나 추측하는 방법을 배우고 싶다고 가정하자. 우리는 집, 위치, 크기와 가격으로 이뤄진 많은 예시를 볼 수 있다. 예제 훈련 데이터 표에서 위치와 크기에 해당하는 열을 모델의 '특성'이라고 부른다.

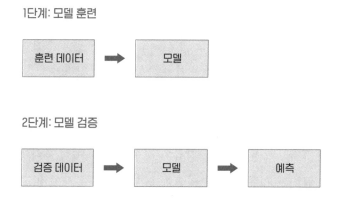

1단계: 모델 훈련

훈련 데이터 ➡ 모델

2단계: 모델 검증

검증 데이터 ➡ 모델 ➡ 예측

먼저 훈련 데이터를 바탕으로 모델을 만든다. 그리고, 모델에 검증 데이터를 입력해서 예측을 해본다.

예제 훈련 데이터

ID	도시	크기	가격
1	시카고	1500	40만 달러
2	시카고	2000	50만 달러
3	뉴욕	1000	80만 달러
4	로스앤젤레스	2000	65만 달러
5	…	…	…

검증

ID	도시	크기
100	시카고	1700

주어진 예제 집 가격 정보를 바탕으로 알고리즘은 다른 집의 가격을 추측할 수 있다.

모델을 검증하기 위해서는 새로 입력하는 항목에 도시와 크기가 있어야 한다. 그리고 여러분이 추측한 가격이 있어야 한다. 모델은 추측한 가격을 내놓을 것이다.[*]

기계학습 알고리즘에는 비지도 학습unsupervised learning이라는 다른 부류도 있다. 비지도 학습의 경우 훈련 데이터 출력에 레이블을 붙이지 않는다. 알고리즘이 레이블을 사용하지 않고 데이터에 있는 패턴을 찾는다. 비지도 학습의 예제로는 데이터 내의 군집을 찾고 싶지만 데이터에 미리 레이블을 붙일 수 없는 경우를 들 수 있다. 여러분이 트위터에서 수백만 건의 트윗을 살펴보면서 유형별로 그룹을 나누고 싶다고 하자. 트윗에는 레이블이 붙어 있지 않기 때문에 이런 경우 비지도 학습을 사용할 수 있다.

---

[*] 검증을 위해서는 모델이 내놓은 값이 실제 값과 같은지 비교할 수 있어야 한다. 이를 위해 테스트 데이터 중 일부를 검증용으로 떼어놓는 등의 방법으로 검증 데이터(검증에 사용할 입력 특성과 예측값)를 마련해서 모델이 얼마나 이 검증 데이터를 잘 맞히는지 비교해봄으로써 모델을 검증할 수 있다.

│ 기계학습은 확률에 데이터를 더한 것 │

누군가 AI나 기계학습ML에 대해 추상적으로 이야기하는 것을 들어보면 아마도 미래적이거나 미친 것처럼 들릴 것이다. 이야기를 들은 여러분은 아마도 어떻게 그런 일이 가능한지 의문이 들 것이다. 하지만 기계학습의 내부 메커니즘을 이해하기 시작하면 기계학습이 왜 작동하는지 알 수 있다.

기계학습이나 AI는 그냥 코드, 즉 컴퓨터 프로그램이다. 때로 사람들은 다른 사람이 만든 여러 알고리즘을 제공하는 라이브러리를 사용한다. 여기서 알고리즘은 무언가를 해결하기 위한 단계적인 과정이라는 점을 기억하자. AI나 ML에서는 보통 우리가 최적화하고 싶은 문제나 우리가 답을 알고 싶은 질문이 존재한다. 이제 어떻게 여러분의 질문을 컴퓨터가 이해할 수 있는 무언가로 바꿀 수 있는지 알아내야 한다.

여러분은 입력, 또는 특성들을 알아내야 한다. 그리고 출력 또는 추측이나 레이블을 알아내야 한다. 그 후 이런 조각들과 어떤 수학적인 모델을 사용해야 한다. 실제로 이 수학적인 모델은 확률적인 모델이다. 여러분이 이 확률적 모델 알고리즘에 여러 데이터를 집어넣으면 알고리즘은 가장 좋은 추측값을 도출한다. 다음은 이런 과정을 나누는 방법을 보여준다.

데이터를 모으고, 기계 학습 모델을 구축하거나 알고리즘을 선택해서 프로그램을 만들고 나면 실제 이 작업 중 상당 부분을 끝낸 것이다. 컴퓨터는 여러분과 달리 이런 내용을 정말로 알고

작업	입력	레이블	데이터 유형	추측
얼굴 인식	얼굴 사진	사람 이름	그림, 픽셀	이름
물건에 레이블 붙이기	물건 사진	각 물건의 이름	그림, 픽셀	물건의 이름
손글씨 인식	손으로 쓴 글씨나 단어	실제 문자나 단어	픽셀	문자나 단어
영어를 한국어로 번역	영어 문장	영어 문장에 해당하는 한국어 문장	텍스트, 문자	한국어 문장
스팸 전자우편 식별	전자우편 메시지	스팸인지 여부	텍스트, 문자	스팸인지 여부

있지는 못하다. 하지만 이 부분은 좀 더 철학적인 질문이다. 컴퓨터가 한국어를 이해한다는 말이 어떤 뜻일까? 컴퓨터는 데이터 집합을 가지고 있을 뿐이다. 그리고 컴퓨터는 확률을 계산한다. 컴퓨터가 어떤 번역에 대해 높은 확률을 부여한다면, 확률이 더 높을수록 번역 품질도 높아진다. 출력이 나쁘면 사람이나 컴퓨터에 의해 알고리즘에 피드백이 주어지고, 이를 활용해 미래에는 더 나은 추측을 할 수 있게 된다.

이 분야가 어려운 수학에 의존하는 아주 복잡한 분야이기는 하지만, 기본적인 요소를 이해할 수는 있다. 인공지능과 기계학습은 실제로는 확률에 데이터를 더한 것이다. 여러분은 데이터 집합을 모으고, 모은 데이터에 대해 어떤 종류의 확률적 모델을 적용해서 최적화를 찾는다. 최적화라는 말은 여러분이 사용 중인 모델이 가장 나은 예측을 만들어내는 파라미터와 값을 찾는다는 말이다.

따라서 우리는 인간의 지능(저 사람이 누구인가?)과 연관된 질문을 숫자와 함수를 최적화하는 질문으로 변환시킨 것이다. 숫자를 다루고 함수를 최적화하는 부분은 컴퓨터가 정말 잘하는 분야다.

| 스팸 필터는 어떻게 작동하는가 |

작업	입력	레이블	데이터 유형	추측
스팸 전자우편 식별	전자우편 메시지	스팸인지 여부	텍스트, 문자	스팸인지 여부

전자우편을 사용 중인 사람이라면 스팸에 대해 잘 알 것이다. 스팸spam은 쓰레기이거나, 요청하지 않았거나, 같은 사이트에서 반복해서 보내는 전자우편을 뜻한다. 전자우편이 더 쓸모 있으려면 어플이 스팸 메시지를 걸러내서 여러분이 정말로 수신하기를 원하는 메시지에 집중할 수 있게 해줘야 한다. 오늘날에는 송수신되는 전자우편 중 90퍼센트가 스팸이라고 추정된다.

스팸 폴더를 보면 전자우편 애플리케이션이 스팸으로 식별한 전자우편들을 볼 수 있다. 대부분의 스팸 필터 성능이 아주 좋지만, 여전히 가끔 잘못된 결과를 낳는 경우가 있다. 바로 어제 중요한 전자우편이 스팸 폴더로 들어갔다는 사실을 깨달았다. 이 경우를 위양성false positive, 즉 스팸으로 분류했는데(양성) 실제로는 그렇지 않은 경우라 할 수 있다. 위음성false negative은 스팸 메시지가 여러분의 받은 메일함에 남아 있는데(음성) 실제로는 스팸으로 분류됐어야 하는 경우다.*

스팸 필터를 구축하는 유명한 방법은 베이즈 이론Bayes Theorem 이라는 확률 이론을 바탕으로 한다. 이 스팸 필터는 나이브 베이즈 분류기Naive Bayes Classifier를 사용한다.

베이즈 스팸 필터에 대해 최초로 다룬 학문적인 문헌은 스탠퍼드대학교에서 지도교수였던 메흐란 사하미가 발표한 것이었다. 그 아이디어는 아주 간단했지만, 아주 강력했다!

나이브 베이즈 모델이 스팸을 분류할 때 잘 작동하는 이유는 이 모델이 전자우편 안에 들어 있는 모든 단어를 살펴보기 때문이다. 일부 단어는 스팸 전자우편에 더 자주 들어가며, 일부 단어는 훨씬 덜 들어간다. 훈련 단계에서 모델은 스팸 전자우편에 들어 있는 단어들을 바탕으로 확률을 계산한다. 훈련 데이터는 수많은 전자우편으로 이뤄지며, 각각 '스팸'과 '스팸 아님'으로 레이블이 붙어 있다.

이런 이유로 전자우편을 수집한다. 그리고 각 전자우편에 '스팸'이나 '스팸 아님'이라는 레이블을 붙인다. 이렇게 해서 훈련 데이터를 마련했다. 여기 있는 예제 스팸 메시지는 실제로는 내 스

---

* 음성/양성은 문제를 어떻게 정의하느냐에 따라 달라진다. 여기서는 '스팸인가?' 라는 질문을 던져서 스팸인 경우 양성, 스팸이 아닌 경우 음성이라고 판정했지만, 질문을 '정상적인 전자우편인가'라고 바꾸면 정상인 경우 양성, 스팸인 경우가 음성이 된다. 따라서 이런 데이터를 살펴볼 때는 위음성/위양성에 적혀 있는 숫자만 보면 안 되고 어떤 경우를 음성/양성으로 판정하는지도 살펴봐야 한다.

팸 폴더에서 따온 것이다.

우리가 알아내야 할 내용은 다음 질문에 대한 대답들이다.

훈련 데이터

#	전자우편	레이블
1	**AMAZON.COM® COURTESTY CARD** `<amzn.2.gmsu.72723@6g7ijccru33q7q.w1.yj4znyy.cf>` **Welcome to Your Free $50 Amazon.com® Gift Card (HEADS UP: 24 Hours Left to Grab)** 무료 50달러 아마존 선물 카드가 도착했습니다. (오늘부터 24시간 한정) **친애하는 고객님**, Amazon.com® 온라인 쇼핑을 좋아하십니까? 고객님의 경험을 공유해주세요. 고객님의 경험은 우리에게 50달러 가치가 있습니다!	스팸
2	**b08609044@ntu.edu.tw** 당신만을 위한 아주 중요한 비즈니스 정보가 있습니다. 꼭 확인해주세요. 매우 중요합니다.	스팸
3	**yourfriend@gmail.com** 숙제에 관한 질문 안녕하세요, 제러미. 어제 내주신 숙제에 관해 질문이 있습니다.	스팸 아님
4	**Zippy Loan - Loan Manager** `<zpln.2.gmsu.72381@wo7nco9cs4bbac.w2e22-1.oqjndtl.gq>` **급전이 필요하십니까? 지금 당장 1만 5000달러를 드립니다!** 개인 대출 편하고 빠르게 만들었습니다.	스팸
…	…	…

- 메시지가 스팸일 확률은 얼마인가?
- 메시지가 스팸이 아닐 확률은 얼마인가?
- 주어진 단어가 스팸 메시지에 나타날 확률은 얼마인가?
- 주어진 단어가 스팸이 아닌 메시지에 나타날 확률은 얼마인가?

이런 답을 알아내기 위해, 단어의 빈도를 세야 한다. ID #1에 있는 전자우편 예제를 살펴보자.

친애하는 고객님, Amazon.com® 온라인 쇼핑을 좋아하십니까? 고객님의 경험을 공유해주세요. 고객님의 경험은 우리에게 50달러 가치가 있습니다!
2020년 5월 22일 오늘, 30초 동안 진행되는 5명 한정 익명 설문조사에 선발되셨습니다. 4명은 이미 설문을 끝내고 50달러를 받으셨습니다. 이제 당신 차례입니다.
무료로 즐겨 보세요
50달러 Amazon.com®
선물 카드
서두르세요. 당신의 코드는 AZ2020입니다. 24시간 후 만료입니다!
여기에서 설문조사를 진행하세요.

예를 들어 '만료'라는 단어가 들어간 스팸 전자우편의 개수를 추적하고, '만료'라는 단어가 들어가 있는 비스팸 전자우편의 개수를 추적할 수 있다. 전자우편이 10개 있는데 8개는 스팸이고 2개는 그렇지 않다고 하자. 8개의 스팸 메시지에서 4개는 '만료'라는 단어를 포함하고, 2개의 비스팸 메시지에서는 '만료'라는 단어가 나오지 않는다. 그렇다면 '만료'라는 단어가 스팸 메시지에 나타날 확률은 8분의 4, 즉 50퍼센트다.

이런 정보를 추적하기 위해 빈도를 저장할 사전이나 맵이 필요하다. 사전은 어떤 키(단어)와 값(어떤 유형의 전자우편 메시지에 해당 단어가 나타나는 빈도수)을 이어준다.

다음은 스팸 필터의 의사코드다.

스팸 필터

스팸 필터 훈련 시키기

```
SpamWordCount = { }
NonSpamWordCount = { }
for 모든 전자우편 메시지
    for 메시지 내의 모든 단어
        if 메시지가 스팸 전자우편이다
            SpamWordCount에서 단어 개수 추가
        else
            NonSpamWordCount에서 단어 개수 추가
확률 계산
```

```
스팸 여부 검사
    스팸의 확률 계산
    비스팸일 확률 계산
    if 스팸 점수 > 비스팸 점수
        return 스팸
    else
        return 스팸 아님
```

이 알고리즘의 여러 변종이 있다. 스팸인지 판단하기 위해 특별한 특성을 활용할 수도 있지만, 단어들의 조건부 확률을 살펴보기만 해도 스팸 필터를 어떻게 만들지 생각해낼 때는 도움이 된다.

| 추천 시스템 |

다른 예제를 살펴보자. 추천 시스템은 어떻게 작동할까? 많은 방법이 있다! 하지만 넷플릭스의 영화나 TV 드라마를 추천하는 프로그램을 어떻게 작성할 수 있을까? 아니면 아마존에서 어떤 제품을 구매하라고 추천하거나, 트위터에서 누군가를 팔로우하라고 어떻게 추천할 수 있을까?

우리가 이미 봤던 아이디어를 이런 경우에도 적용할 수 있으리라 추측할 수 있는가? 확률, 빈도수, 그리고 나이브 베이즈 모델을 사용해 추천 프로그램을 작성할 수 있다.

추천하는 방법은 아주 많다. 넷플릭스나 아마존 알고리즘의 비밀 조리법은 무엇일까? 이들은 모두 엄청나게 많은 데이터를 가지고 있고, 발전된 통계나 기계학습 기법을 알고 있다. 하지만 여러분이 이미 알고 있는 지식만으로도 기본적인 추천 모델을 시뮬레이션할 수 있다. 다음은 추천 관련 질문을 어떻게 만드는지 보여준다. 넷플릭스라면 다음과 같은 질문을 제시할 수 있다.

어떤 영화나 TV 드라마를 우리가 추천해야 할까?

이 질문을 다른 방식으로 쓰면 다음과 같다.

사람들이 시청하거나 추천했던 드라마와 영화 정보를 바탕으로, 어떤 영상을 추천해야 할까?

어떻게 이런 질문을 코딩할 수 있을까? 음, 우선 나는 여러분과 비슷한 영상을 시청한 사람들을 관찰한다. 이를 위해 어떤 유사도 점수를 만들 수도 있고, 그냥 단순히 여러분이 본 영상과 똑같은 영상을 본 사람들을 찾아낼 수도 있다.

이제 이런 사람들이 어떤 영상을 좋아할까를 생각해보자. 여러분은 넷플릭스를 보는 모든 사람을 대상으로 그 사람들이 '좋아요'라고 표시했거나, 시청했던 영상의 목록을 만들 수 있다.

이제 여러분에게 어떤 영상을 추천할 때다. 여러분이 〈오징어 게임〉, 〈D.P.〉, 〈더 글로리〉에 '좋아요'를 표시했다고 하자. 이제

나는 이 세 가지 영상에 '좋아요'를 누른 사람들을 찾는다. 이런 사람이 100만 명 있다고 가정하자. 이제 이런 사람들이 가장 좋아하는 영상은 무엇일까?

내가 할 일은 이 (100만 명의) 그룹 안에서 어떤 영상과 그 영상의 유명도를 연관시킬 방법으로 사전, 또는 카운터나 맵 등을 만드는 일이다. 이 그룹 안에서 네 가지 다른 영상을 고려한다.

- 갯마을 차차차
- 비밀의 숲
- 킹덤
- 별에서 온 그대

그룹에 속한 100만 명 중에 각 영상 시청자 수는 다음과 같다.

- 갯마을 차차차: 300,000
- 비밀의 숲: 500,000
- 킹덤: 700,000
- 별에서 온 그대: 350,000

여러분이라면 어떤 영상을 추천하겠는가? 나라면 여러분이 '좋아요'를 눌렀던 영상과 같은 영상을 좋아했던 사람들이 가장 많이 시청한 〈킹덤〉을 추천할 것이다. 확률이라는 관점에서 살펴보면, 우리는 조건부 확률이 가장 높은 영상을 선택하는 중이다.

따라서 TV 드라마를 선택하는 마법은 데이터를 수집하고 조직화하는 문제로 분해할 수 있고 이렇게 분해한 문제들을 단계별 과정을 거쳐서 해결할 수 있으며 일부 질문을 최대화 내지 최적화하면 된다. 물론 넷플릭스가 이런 식으로 작동한다고 말하는 것은 아니다. 다만 이 알고리즘이 어떤 영상을 추천할 때 타당해 보이는 알고리즘(타당해 보이는 단계별 처리 과정)이라는 말이다. 이 설명은 나이브 베이즈 알고리즘이 하는 일을 우리말로 설명한 것이기도 하다. 나이브 베이즈는 조건부 확률을 활용한다. 조건부 확률conditional probability은 '만약 ~가 주어진다면'이라는 단어를 사용한다는 뜻이다. 여러분이 좋아하는 몇몇 영상(〈오징어 게임〉, 〈D.P.〉, 〈더 글로리〉)이 주어진다면, 여러분이 어떤 동영상을 좋아할 확률은 얼마일까?

넷플릭스에 180만 명이 가입했다고 하자. 전체 10퍼센트가 〈갯마을 차차차〉를 좋아하고, 전체 5퍼센트가 〈킹덤〉을 좋아한다. 그렇다고 여러분이 〈갯마을 차차차〉를 더 좋아한다고 결론을 내릴 수는 없다. 우리는 여러분이 좋아하는 다른 영상을 바탕으로 여러분이 〈갯마을 차차차〉와 〈킹덤〉을 좋아하는 정도를 걸러낼 수 있다. 여기서 여러 다른 기법이나 기계학습 모델을 사용할 수도 있다. 2009년 넷플릭스는 가장 좋은 추천 알고리즘을 만들어내는 사람에게 100만 달러 상금을 지급하는 넷플릭스상이라는 대회를 연 적도 있다.

넷플릭스는 50만 사용자가 1만 8000개의 영화에 대해 메긴 1억 건의 평점 정보를 훈련 집합으로 제공했다. 이들은 다음과 같은 형태다.

사용자, 영화, 평가일, 평점

참가자들은 어떤 평점을 예측하는 알고리즘을 작성해야 했다. 평점을 볼 수 없는 테스트 집합에 대해, 실제 사람들이 메긴 평점과 가장 잘 들어맞는 평점을 예측해 낸 알고리즘이 승자다. 다음은 이 문제를 요약한 내용이다.

작업	입력	레이블	데이터 타입	추측
영화 추천	사용자, 영화, 날짜, 평점	평점	숫자, 날짜	평점

하지만 여기서 중요한 부분은 여러분이 추상적인 문제를 어떻게 도출해내고, 그 추상적 문제를 다시 여러분이 컴퓨터를 써서 한 단계씩 풀 수 있는 작은 문제로 분해할 수 있느냐이다.

| 로봇이 우리의 직업을 대신하게 될까 |

이런 뉴스를 본 적이 있을 것이다. 로봇이 여러분의 직업을 차지하러 오고 있다. 정말일까? 먼저 이 문장이 의미하는 게 무엇인지부터 이해해보자. 만약 여러분의 직업을 차지하는 게 〈우주 가족 젯슨〉에 나오는 것처럼 정말 물리적인 로봇일까? 그럴 수도 있을 것이다. 자동차 공장의 로봇이나 어떤 음식을 만드는 로봇일 수 있다. 하지만 보통 여러분의 작업을 차지하는 '로봇'은 더 일반적인 인공지능을 가리킨다. 따라서 사람들이 AI가 자신의 작업을 앗아갈까 봐 걱정한다고 말하는 게 적절할 것이다. 그리고 상당수의 경우 이 AI는 물리적인 로봇이 아니라 그냥 소프트웨어 프로그램이나 어플이다. 사람이 자신의 직업으로 처리해야 하는 어떤 과정이 있는데 이제 이 과정을 컴퓨터가 할 수 있다고 생각해보자. 그런 경우는 AI가 누군가의 직업을 직접 빼앗은 실제 사례가 될 수 있을 것이다. 그렇다면 이런 종말론이 주장하는 것이 모두 다 과장된 것일까?

이에 대해 답하기는 어렵다. 로봇이 우리 직업을 빼앗을 것인가와 직업 중 몇 퍼센트가 AI나 소프트웨어에 의해 대체될지에 대한 온갖 종류의 거친 예측이 존재한다. 이에 대해 정말 알기는 어렵다. 하지만 오랫동안 기술이 직업을 대체하는 일이 있어 왔다. 기술이 기존의 직업을 대체하면서 새로운 직업을 만들어내는 경우가 자주 있었다. 옛날에는 엘리베이터 안에 운행을 도와주는 사람이 있었지만, 이제 이 직업은 사람들이 직접 엘리베이터 버튼을 누르는 것으로 대체됐다. 전화교환원이라는 직업이 있었지만, 이제는 사람들이 휴대전화를 사용해 서로에게 직접 전화를 건다. 요금징수원이라는 직업도 어떤 곳에서는 여전히 존재하지만 상당수는 요금을 징수하는 기계로 대체됐다. 이제 이런 직업은 과거에 존재하던 직업에 속한다. 하지만 컴퓨터, 소프트웨어, AI가 다른 직업을 대체할 가능성을 얼마나 될까? 그리고 과거에는 기술 발전이 예전 직업을 없애면서 새로운 직업을 만들었는데, 이번에는 조금 다른 양상이 벌어질까?

미국에는 우버나 리프트 운전자가 200만 명 있고, 트럭 운전자가 350만 명 있다. 완전한 자율주행 자동차가 소비자에게 제공된다면 이런 운전자에게는 어떤 일이 벌어질까? 소프트웨어가 공장에서 일하는 블루칼라 직업군을 대신하게 될까? 아니면 사무직 화이트칼라 직업군을 더 많이 대신하게 될까? 이런 질문은 답이 없고 논쟁의 여지가 많다. 하지만 나는 이런 기술이 어느 위치에 있고, 어떻게 바뀌는 중인지 이해하는 것이 여러분에게 도움이 되리라 본다.

현재 중요한 질문은 이것이다. 이번에는 (과거의 기술 발전과) 달라질까? 과거에는 한 직업이 사라져도 다른 작업이 생기면서 사람들이 적응할 수 있었다. 자율주행 자동차가 이렇게 많은 택시나 트럭 운전자를 대신하면 어떤 일이 벌어질까? 자율주행 자동차는 새로운 온갖 종류의 기회와 직업을 만들어내리라 생각된다. 하지만 이렇게 생겨나는 직업의 수를 사라지는 직업의 수와 비교하면 얼마나 큰 차이가 날까? 대부분의 경우 소프트웨어로 인해 기술 기업은 전통적인 기업보다 훨씬 적은 사람을 고용해도 운영이 된다. 2014년 페이스북이 190억 달러에 인수한 유명한 메시지 앱인 와츠앱WhatsApp은 직원이 55명이었지만 월 활성 사용자MAU는 4억 2000만 명이었다. 이전 시대였다면 이 정도 가치로 평가된 기업은 수천 명을 고용했을 것이다.

이번에는 과거와 다르다고 생각한다. 그래서 엘리베이터 운행 안내원이 직업을 잃는 것처럼 작은 딸꾹질 정도로 그치지는 않을 것이라 생각한다. 내가 이렇게 생각하는 이유는 경제가 점점 정보 주도형으로 변화함에 따라 새로운 직업군으로 이동하기 위해서는 더 많은 교육이 필요하다는 점에 있다. 이 말은 과거에는 기술 변화로 인해 누군가 직업을 잃어도 교육 관련 요구사항이 그렇게 크지 않은 다른 직업을 구할 수 있었고, 그런 직업이 기본적인 생계비를 충분히 보상해줬다는 말이다. 하지만 오늘날 미국 경제에서 이런 일이 벌어지고 있는지 나는 확신할 수 없다. 노동 유연성은 택시, 우버, 트럭 운전자 등의 직업이 대체됐을 때 이런 사람들이 어떤 유형의 직업을 얻을 수 있는가 하는 질문이 된다. 소매업에 2900만 명이 종사 중이다. 만약 소매업이 거의 아무 직원도 필요하지 않을 정도로 엄청나게 바뀐다면 이 모든 사람이 어떤 직업을 택해야 할까? 오늘날에는 단순한 노동 유연성이 거의 존재하지 않는다고 생각한다. 그리고 소프트웨어로 인해 해고되는 사람의 수와 새로운 직업을 얻는 사람의 수의 차이가 엄청나게 커지리라 생각한다. 이런 변화를 일으킬 기술 중 일부는 아직 초기 단계지만, 여전히 배워둘 가치가 있고 공공 정책에서 이런 기술을 감안해야 할 정도로 충분히 전도유망하다. 앤드루 양은 로봇과 AI가 직업을 대신하게 되며 이 변화에 대해 미국이 아직 준비되지 않았다는 가정하에 보편적 기본 소득UBI이라는 개념을 옹호하는 미국 대통령 후보다. 이런 걱정이 (과거 러다이트 운동 등과 같이) 근거없이 미래와 기술을 두려워하는 또 다른 경우인지, 정말로 엄청난 격변을 일으킬 사회적 변화인지에 대해 알게 되려면 10~20년은 더 있어야 할 것이다.

나는 어느 방향으로 사회가 진전하든, 여러분의 직업이 자동화되기를 원치 않는다면 좋은 기술을 가져야 한다고 생각한다. 여러분이 컴퓨터의 말을 듣는 사람이 되기보다는 컴퓨터를 코딩하는 사람이 되었으면 좋겠다.

| 일반지능 |

우리가 지금까지 이야기한 AI는 실제로는 그렇게 똑똑하지는 못하다. AI도 숫자 세기, 확률 계산, 함수 최대화 등 컴퓨터가 잘하는 일을 수행하는 소프트웨어 프로그램일 뿐이다. 하지만 인공지능 분야에 진행 중인 도전이 있으니, 바로 일반지능이라고 불리는 것을 달성하는 기계를 만드는 일이다.

인공 일반지능Artificial General Intelligence, AGI은 컴퓨터가 사람이 할 수 있는 지능적인 작업을 모두 수행할 수 있는 경우를 뜻한다. 일반지능을 강인공지능strong AI이라고 부르기도 한다(앞에서 봤던 예제처럼 한 가지 일만 할 수 있는 인공지능을 약인공지능weak AI이라고 한다).

일반 AI는 과학 소설에서 흔한 주제다. 그리고 여러분이 인공지능이나 미래 로봇을 생각할 때 떠올리는 대상이기도 하다. 일반 AI는 사람이 할 수 있는 일을 모두 할 수 있는 컴퓨터를 뜻하며, 일반 AI도 컴퓨터이기 때문에 사람들은 잘할 수 없지만 컴퓨터가 잘할 수 있는 일도 당연히 잘할 수 있다. 컴퓨터는 어려운 수학 문제를 풀거나, 수십 억가지 문서에서 검색을 수행하거나, 초당 수십억 번 연산을 수행하면서 알고리즘을 수행하는 등의 일을 잘할 수 있다. 과학 소설이나 영화에서는 일반지능을 가정하는 경우가 많다. 영화 〈그녀Her〉에서는 일반지능이 있는 소프트웨어 어시스턴트가 등장한다. 〈터미네이터〉 시리즈나 영화로 나왔고 드라마로 다시 만들어진 〈웨스트 월드〉 등에서 사람들이 상상하는 인공일반지능이 존재하는 세계의 모습의 다양한 예를 볼 수 있다.

이제 중요한 연구 질문이 떠오른다. 바로 "어떻게 일반 인공지능을 알 수 있는가?"라는 질문이다. 컴퓨터가 '지능'을 갖추게 된다면 그 사실을 어떻게 알 수 있을까? 유명한 컴퓨터과학자 앨런 튜링은 "기계가 생각할 수 있을까?"라는 질문을 던졌다.

"일반 AI를 갖춘 컴퓨터에 마음이 있을까?"라는 다른 질문도 있다. 이 질문이 어떤 뜻일까? 이 말은 AI의 철학과 윤리에 대한 질문이 된다. 컴퓨터가 감정을 느끼거나, 자의식을 가지거나, 의식이 있을 수 있을까? 이런 말이 무슨 뜻일까? 컴퓨터가 무언가에 대해 사람이 느끼는 것과 같은 방식으로 느낄 수 있을까? 차이가 있다면 그 차이가 문제가 될까?

| 모방 게임, 또는 튜링 테스트 |

컴퓨터가 생각할 수 있는지 어떻게 시험해볼 수 있을까? 또는 컴퓨터가 사람만큼 일반적인 작업을 잘할 수 있을까?* 튜링 테스트The Turing Test는 컴퓨터가 사람만큼 일반 지성을 갖췄는지 이해하기 위해 앨런 튜링이 제안한 시험이다. 튜링이 작성한 논문

앨런 튜링은 영국의 수학자, 컴퓨터과학자이자 암호연구가이며, 인공지능의 아버지로 불린다. 2차 세계대전 중에 튜링은 영국의 암호 해독 부대에서 근무하면서 암호 해독을 위한 이니그마 머신Enigma machine이라는 기계를 만들었다. 그리고 튜링 머신이라는 무한한 길이의 테이프상에서 작동하는 이론적인 기계 모델을 제시했다. 튜링 머신은 범용 컴퓨터의 이론적 모델이다. 어떤 언어가 튜링 완전하다면 이 컴퓨터는 튜링 머신이 풀 수 있는 모든 문제를 풀 수 있다(암호학에 대해 설명할 때 배운 내용을 기억해보자. 이더리움 가상기계를 코딩하는 솔리디티는 튜링 완전하지만, 비트코인 스크립트는 그렇지 않다).

에서는 이 시험을 모방 게임the Imitation Game이라고 불렀다(그리고 튜링에 대해 다룬 같은 이름의 영화도 있다). 튜링 테스트에는 몇 가지 형태가 존재한다.

일반적인 버전에서는 세 명의 참여자가 있다. 심문자는 다른 두 참가자를 볼 수 없다. 첫 번째 참여자는 진짜 인간이며, 두 번째 참여자는 컴퓨터다. 그리고 심문자가 두 참가자 중 어느 쪽이 인간인지 판단하기 위해 여러 질문을 던질 수 있다.

튜링이 논문에 제안한 원본 모방 게임에서는 세 명의 참가자가 있었다. 한 참가자는 심문자, 다른 참가자는 사람, 다른 참가자는 컴퓨터다. 그리고 여기서는 심문자가 나머지 두 참가자의 성별을 추측하려고 하고, 나머지 두 참가자는 자신의 성별을 속여

＊ 　논문에서 튜링은 '컴퓨터는 생각할 수 있을까?'라는 질문 대신 '컴퓨터는 사람이 (생각을 통해) 할 수 있는 일을 모두 할 수 있는가?'라는 질문을 사용하자고 제안했다.

서 심문자가 잘못된 결론을 내리게 하려고 노력한다. 문제는 컴퓨터가 인간 참가자만큼 자기 자신의 성별을 속일 수 있는가다.

요즘은 튜링 테스트라고 하면 컴퓨터가 사람이 통과할 수 있는 시험에 합격할 수 있는지 결정하려고 노력하는 시험을 생각한다. 이 버전은 튜링의 논문에 있던 원래 테스트를 조금 간단하게 줄인 것이다. 하지만 가능한 다른 방식의 테스트도 많다. 로봇 혹은 AI가 어떤 과업을 완수할 수 있을까? 대학 학위를 딸 수 있을까? 여러분이라면 AI가 일반지능을 가졌는지 판단하는 테스트를 어떻게 작성할 수 있겠는가?

| 초지능 |

우선 데이터를 입력으로 받아서 예측하는, 기본 통계 모델인 가장 간단한 AI가 있다. 주식 등의 가격을 예측할 수도 있고, 비행기 지연 시간을 예측할 수도 있으며 어떤 대상이 사기인지 여부를 예측할 수도 있다. 그리고 더 향상된 모델도 있다. 하지만 이런 모델도 여전히 데이터를 입력으로 받고 추측이나 동작을 출력으로 내놓는다. 더 나아가 일반지능에 대한 도전이 있다. 이 도전에서는 컴퓨터가 사람이 수행하는 과업에서 사람에 필적한 결과를 낼 수 있는지 보려고 한다. 하지만 그 이후에는 무엇이 있을까? 컴퓨터가 달성할 수 있는 것이 어느 정도고 그 수준을 넘어서면 어디까지 갈 수 있을까? 이런 개념을 초지능superintelligence이라고 부른다. 초지능은 컴퓨터가 여러 분야에서 사람보다 훨씬 더 나은 결과를 내놓는 경우를 뜻한다.

이런 개념은 기술 발전 단계에서 도구가 더 나아짐에 따라 발전에 가속도가 붙는다는 사실에 부분적으로 기인한다. 따라서 오늘날 AI나 관련 도구가 향상되는 속도는 20년 전보다 훨씬 빠르고, 미래에는 더욱더 빨라질 것이라는 예측이 가능하다. 여러분이 이 예측을 논리적인 한계까지 극단적으로 밀고 나가면, 기술 발전 속도가 점점 더 증가하면서 문명의 거대한 변화를 야기하게 되는데, 이런 지점을 특이점singularity이라 부른다. 한 가지만 짚고 넘어가자. 이런 개념은 먼 미래의 이야기로, 논쟁의 여지가 크고 여전히 추측일 뿐이다. 하지만 나는 오늘날 AI의 모습이 어떻고 앞으로 어떤 수준까지 달라질 수 있는지에 대해 다양한 개념을 이해하면 도움이 될 것이라 생각한다.

다른 경우로는 컴퓨터가 너무 강력해지고 어떤 이상한 최적화 문제를 풀어서 인간에게 해를 끼치게 되는 경우다. 이런 가능성을 뒷받침하는 추론은 다음과 같다. 요즘 우리가 사용하는 기계는 문제가 없다. 하지만 이런 기계가 조금 더 발전하고, 나중에 더 많이 발전하면서 AGI 상태에 도달한다. AI 연구자 중 대부분은 2050년까지 AGI에 도달할 가능성이 50퍼센트이고, 2070년까지 AGI에 도달할 가능성이 90퍼센트라고 예측한다. 이런 일이 벌어질 수 있지만, 아예 벌어지지 않을 수도 있다! 하지만 컴퓨터가 AGI에 도달한다고 가정하자. 컴퓨터는 이제 인간의 지성과 같은 수준에서 모든 일을 할 수 있다. 따라서 이 시점에 이런 기계들은 더 나은 기계를 설계할 수 있고, 이렇게 설계한 기계는 다시 더더

욱 나은 기계를 설계할 수 있으며, 결국 수학자 I. J. 굿이 제안한 '지능 폭발'이라는 개념에 도달한다.

| 로봇의 배신 |

어떤 면에서 AI는 여러분이 생각하는 것보다 더 단순하다. AI 는 확률과 데이터를 사용하며 코드를 사용해 함수를 최적화하거나 예측을 수행한다. 따라서 로봇의 배신은 여러분이 상상하는 것과 다른 모습일 것이다. 그렇다. 물리적인 로봇이 만들어지고 있지만, 여러분이 일상 생활에서 가장 많이 AI와 상호작용하는 분야는 물리적 로봇이 아니다.

AI는 훨씬 덜 사악한 방식으로 일상생활에 침투하고 있지만, 여전히 아주 혁신적인 변화를 블러올 수 있다.

AI는 무엇인가? AI가 꼭 터미네이터나 사람 흉내를 내는 스마트 어시스턴트일 필요는 없다. 물론 그렇게 될 수도 있긴 하다. AI 는 넷플릭스가 여러분이 좋아할 만한 영상을 추천하거나 아마존이 여러분이 사고 싶어할 만한 상품을 추천할 때 사용하는 방법이다. 페이스북 뉴스피드가 여러분에게 어떤 내용을 보여줄지 결정할 때 AI가 쓰이며, 여러분의 은행이 신용카드 도용을 알아낼 때도 AI를 사용한다.

때로는 '스마트'하거나 'AI' 하지 않아 보이는 분야에서 엄청난 효과를 발휘할 때도 있다. 몇몇 가게는 아이패드 같은 키오스크를 통해 주문을 처리하기 시작했다. 이런 키오스크가 AI일까? 실제로 이들은 보통 소프트웨어 프로그램이므로 이 질문은 틀렸다. 하지만 이 소프트웨어는 많은 식당에서 사람이 주문하는 방식을 바꾸고 있다. 맥도날드 등 다양한 장소에서 이런 키오스크를 볼 수 있다. 내가 좋아하는 다른 AI로는 자율주행 자동차나 운송 수단이 있다.

| 자율주행 자동차 |

많은 회사가 자율주행 자동차, 즉 스스로 운행하는 자동차를 개발하고 있다. 사람 운전자가 없고, 핸들도 필요 없으며, 자동차가 어떤 방식을 써서 길을 보고 컴퓨터가 여러분이 가고 싶은 곳으로 자동차를 움직일 방법을 생각해낸다. 어떤 면에서 자율주행은 여러분이 카렐로 작성한 첫 번째 프로그램과 똑같다.

```
move();
turnLeft();
```

이 과정은 자율주행 자동차와 똑같지만 자율주행 자동차 쪽이 좀 더 발전했을 뿐이다. 자동차는 센서를 사용해 풍경과 환경에 대한 그림을 얻는다. 그리고 주변에 어떤 것들이 있는지 알아내야 한다. 어떤 장애물이 있고 길이 어디에 있는지 알아내고, 앞으로 진행해도 될지 결정해야 한다. 자율주행 자동차는 주변에 세계가 있고 세계 속에서 움직이기 위한 명령이 있는 카렐과 똑같은 문제를 좀 더 제야 없이 확장한 것일 뿐이다.

자율주행은 AI와 기계학습, 그리고 빅데이터의 여러 측면을 조합한 것이다. 구글은 웨이모라는 회사를 통해 자율주행 자동차를 개발하고 있다. 테슬라는 자기 자신의 오토파일럿autopilot 기술을 사용해 자율주행 차를 만들고 있다.

그렇다면 자율주행 자동차는 어떻게 작동하는가? 우선 주변 환경을 알아내기 위해 자율주행 차는 센서를 사용한다. 센서는 세계를 데이터로 매핑하기 위한 물리적인 장치다. 컴퓨터는 여러분이 세계를 보는 것처럼 세계를 볼 수 없지만, 세계에서 자기 위치가 어디인지를 알아야 하므로 GPS 같은 기술을 사용한다. 하지만 좀 더 구체적으로 자기 주변 세계에 대해 알아야 하므로 '레이더'나 레이저를 사용하는 레이더인 '라이더' 등의 기술을 사용해 더 자세하게 주변을 알아낸다. 자율주행 차는 사람과 도로 표지판을 식별하고 주변의 차량도 식별해야 한다. 그리고 이를 통해 주변 세계에 대한 지도를 만든다.

그 후 자동차에 명령을 내려야 한다. 이 부분도 우리가 명령을 내려야 했던 카렐과 마찬가지다. 자동차는 이동할 수 있고, 속도를 높이거나 낮출 수 있으며, 우회전하거나 좌회전할 수 있다. 동시에 코드는 자동차의 움직임과 세계의 변화를 모니터링한다.

실제 자율주행 자동차에 쓰이는 ML/AI 기술은 매우 앞선 기술이다. 현재도 자율주행이 탑재된 자동차가 도로를 운행 중이고, 사람이 자율주행 차를 훈련시키느라 도로를 주행 중인 경우도 있다. 하지만 그렇다고 해도 자율주행 기술은 아직 완성단계라 할 수는 없다. 대중이 사용할 정도로 자율주행이 발전하는 시점이 조만간일지, 시간이 더 필요한지 모른다. 나는 자율주행이 계속 발전하면서 도시나 시골의 설계를 크게 바꿔놓게 되리라 예상하지만, 이 모든 것은 시간이 지나야 알 수 있을 것이다.

| 알아두어야 할 문제: 인공지능 알고리즘 내의 편향성 |

AI 개발자로서 해결해야 하는 윤리적인 문제가 많이 있다. 벌써부터 파급력을 가늠해볼 수 있는 한 가지 문제는 인공지능 알고리즘 내의 편향성이다.

알고리즘은 단계별 처리 과정이고, 결과를 얻기 위해 수행해야 하는 과정이다. 요즘의 AI와 ML 모델은 우리가 작성한 프로그램을 통해 배우는 알고리즘으로, 프로그램에 내장된 가정이나 훈련 데이터, 즉 훈련 집합에 들어 있는 가정을 통해서도 배우게 된다. 이런 알고리즘이 내놓는 결과는 이런 입력에 의존하기 때문에 객관적으로 올바른 것이 아닐 수 있다.

훈련 집합 입력이 편향되어 있다면 어떤 일이 벌어질까? 여러분이 얼굴 인식 소프트웨어를 만드는데, 백인 얼굴만 사용해 훈련을 시켰다고 하자. 이런 얼굴 인식 소프트웨어가 다른 인종의 사람을 어떻게 인식할까? 미국에서 개발된 얼굴 인식 소프트웨어에 대한 연구 중에는 이런 소프트웨어가 백인보다 흑인, 동양인, 미국 원주민을 10~100배 더 자주 오인식한다는 사실을 발견한 경우도 있다.

지금은 AI를 예측에 사용하는 경우가 많다. 범죄 데이터를 가지고 분석하려고 할 수도 있다. 특정 인종에게 불리한 방향으로 편향된 소프트웨어가 있다면 이런 알고리즘은 객관적이지 않다. 이런 알고리즘은 그 알고리즘을 만든 사람들이 가진 가정을 사용해 구축됐고, 이런 가정이 시스템 안에 들어 있다. 우리가 해결해야 할 문제는 무엇일까? 어떻게 AI를 사용해야만 할까? AI를 개발할 때 어떤 요소를 고려해야만 할까? AI 프로그램은 어느 방향으로든 만들어질 수 있지만, 우리는 AI 안에서 다양한 접근 방법과 관점을 찾아야만 한다.

임신 당사자가 본인의 임신 사실을 알기도 전에 어떤 회사가 임신한 고객을 식별할 수 있다면 어떨까? 미국의 한 대형마트에서 실제 이런 일이 벌어졌다.* 여기서 문제는 '이런 경우를 어떻게 접근해야 할까?'이다. 어떤 것을 허용하고 어떤 것을 금지해야 할까? 나는 중국 정부가 널리 사용 중인 얼굴 인식 기술에서 이런 문제를 처음 느낄 수 있었다. 중국의 인공지능 사용 방식은 우려되는 부분이 많은 게 사실이다. AI를 사용하는 분야 중 상당 부분은 우리 눈에 보이지 않으며 내부적으로 조용히 사용될 수 있다.

AI를 활용한 예측 알고리즘은 추정하고 결정을 내리기 위해 사용될 것이다. 어떻게 AI를 만들어야만 할까? AI가 만들어지는

---

* 임신한 미성년자 딸이 임신 사실을 부모에게 알리지 않았는데, 마트가 임신한 여성들의 구매 패턴과 일치하는 사람들에게 보내는 출산 준비물과 유아용품 쿠폰을 딸에게 보내는 바람에 임신 사실이 들통난 사건이다. 따라서 실제로는 본인이 임신 사실을 몰랐던 것은 아니다.

방법에 따른 장단점이나 위험성은 무엇일까? 이런 문제는 사람들이 생각해야 할 중요한 문제다. 그리고 이런 문제는 바로 우리가 코딩에 대해 배우고, 더 많은 사람이 코딩에 접근할 수 있게 해야 하는 이유이기도 하다.

9장 컴퓨터과학 교육

예전부터 지금까지 변함없는 나의 교육 철학은 현장에 가서 교실을 살펴보면서 어떤 일이 벌어지는지 살펴봐야 한다는 것이다. 초기 CodeHS에서 직접 찾아가는 코딩 워크숍을 진행하기 위해 전국 여행을 두 번 한 적이 있다. 첫 번째 여행은 2013년으로, 직접 내 차를 몰고 우리를 불러주는 곳이면 어디든 방문했다. 우리는 35번 워크숍을 개최했고 44개 주를 방문했으며 1만 9000킬로미터를 운전했다. 나는 아무 모텔이나 재워주는 사람이 있으면 소파에서도 잠을 잤으며, 근처에 친구가 있는 경우 친구 집에 머물기도 했다. 2015년 다음 여행에서는 밝은 분홍색 래핑으로 감싼 CodeHS 로고가 박힌 미니버스를 타고 60번 워크숍을 개최하면서 방문하는 장소에서 합류한 여러 다른 CodeHS 팀원들과 함께했다.

도시, 시골, 도시 근교의 학교나 공립, 사립, 자립형 학교에 방문했다. 나는 아주 멋진 학교와 자원이 부족한 학교도 방문했다. 아무도 방문한 적이 없는 학교를 간 적도 많았다.

　나는 컴퓨터과학 교육을 위해 미국 전역에서 수백 곳의 학교를 방문했고, 이제는 전 세계의 학교를 방문하고 있다. 현재의 컴퓨터과학 교육 상태는 상당히 편차가 크다. 하지만 나는 어떤 뚜렷한 흐름을 발견했다. 코딩 교육에 힘써온 시간 동안 나는 '아하' 하는 순간을 학습자들과 공유하는 법을 알게 되었다. '~가 된다면 멋지지 않을까?'라는 생각으로 코딩을 시작하며, 실제 그 일이 일어나는 모습을 보게 된다. 코드로 무언가를 만드는 일은 가능성을 탐구하는 일이다.

| 나는 코딩을 어떻게 배웠는가 |

　코딩을 배우는 내 여정은 공식적인 과정과 비공식적인 과정을 합친 것이었다. 처음 코딩을 경험한 것은 열네 살때 HTML과 CSS로 개인 웹사이트를 만들었던 때다. 나는 이런 내용을 스스로 알아내려고 노력했다. 나는 우리 반 웹사이트를 만들고자 했고, 나중에는 고등학교에서 창간한 코미디 신문의 웹사이트를 만들고 싶었다. 나는 열여섯 살 때 고등학교에서 처음 자바 과목을 들었다. 몇 가지 기본적인 프로그램을 작성하고 계산하며 블랙잭과 수 추측 게임 등 몇 가지 대화형 게임을 만들 수 있었다. 컴퓨터과학을 더 많이 배울수록 코미디 신문 웹사이트를 더 개선할 수 있었다. 그 웹사이트는 처음에 단순한 HTML 페이지였지만 나중에는 워드프레스라는 도구를 사용하는 페이지가 됐다.

대학에서도 C++ 프로그래밍 과목을 들었고, 아이폰 앱을 만드는 방법에 대한 과목도 들었다. 나는 코미디 신문의 웹사이트를 만들고 관리했다. 아이폰 프로그래밍 과목을 들으면서 나는 코미디 신문의 아이폰 어플도 만들었다.

나중에는 C 관련 과목을 듣고 컴퓨터과학 이론에 대한 과목도 더 들었다. 대학 2학년때 웹 개발, 인간-컴퓨터 상호작용, 인공지능, 컴퓨터과학 교수법에 대한 과목을 들었다. 그때가 내가 학생 신분인 채로 다른 사람들에게 처음 컴퓨터과학을 가르치기 시작한 때다.

나는 관심이 있거나 나와 관련이 있는 다양한 대상을 가외 프로젝트로 진행했다. 나는 퍼즐을 좋아했는데 〈The Flipside〉(내가 창간한 코미디 신문)에 사용할 퍼즐이 필요해서 점블 퍼즐*과 암호 퍼즐을 생성하는 도구를 만들었다. 나는 강의 조교로 참여한 스탠퍼드의 컴퓨터과학 과목을 위해 코드에 설명을 달 수 있게 해주는 도구를 만들었다. 대학을 다니던 어느 여름에는 몇몇 친구들과 함께 '라운크Raunk'라는 사이트를 만들었다. 이 사이트는 좋아하는 음식이나 영화처럼 다양한 대상에 대한 평점과 순위를

---

* 　어떤 힌트와 힌트를 표현하는 그림, 그리고 일련의 단어로 이뤄진 퍼즐로, 각 단어는 글자가 뒤죽박죽 섞여 있고, 단어를 배열하는 칸 중 일부에는 동그라미로 표시가 되어 있다. 퍼즐을 푸는 사람은 뒤죽박죽 섞여 있는 글자를 재배열해 말이 되는 단어를 만들고, 동그라미가 표시된 칸에 있는 글자가 무엇인지 알아내야 하며, 이 글자들을 다시 뒤섞어서 힌트가 표현하는 단어를 맞춰야 한다.

정할 수 있었다.

나는 더 많은 과목을 듣고 더 많은 프로젝트를 수행했다. 나는 내가 배운 내용과 내가 흥미를 느낄 수 있는 분야를 연결시키고 이를 실제 세계에 적용하기 위해 노력했다. 스스로 이런 내용을 배우고, 고등학교와 대학에서 관련 과목을 듣고, 프로젝트를 수행할 기회를 얻은 것은 행운이었다. 하지만 코드를 더 쉽게 배울 수 있는 더 나은 도구를 만듦으로써 이제 이런 기회를 훨씬 더 많은 사람에게 제공할 수 있다고 생각한다.

코딩을 배운 덕분에 나는 회사를 시작할 기회를 잡을 수 있었다. 2012년 대학 4학년 때 친구이자 룸메이트인 재크 갈런트와 함께 CodeHS를 시작했다. 우리 둘 다 컴퓨터과학을 전공 중이었고 강의 조교였으며, 우리가 배운 내용을 어떻게 적용할 수 있을지에 대한 창조적인 아이디어를 가지고 있었다. 우리는 어떤 과목에서 CodeHS를 시작했고, 졸업 이후에도 CodeHS에서 계속 일해왔다.

│ 컴퓨터과학을 왜 배워야 하는가 │

여러분은 학생이거나, 선생님 또는 더 넓게는 교육자이거나 관리자일 것이다. 또는 그냥 기술과 코딩 분야에서 방향을 잡아보려는 사람일 수도 있다. 왜 코딩이나 기술이 여러분에게 문제가 될까?

교육에서 코딩과 기술이 중요한 이유가 몇 가지 있다. 여러분이 어린 학생이라면 코딩과 기술의 세계는 여러분이 자라서 살아가야 할 세계다. 여러분은 주변에 있는 코드와 기술을 단순히 소비하고 사용하는 사람이 될지, 아니면 활동적으로 코드나 기술을 만들어내는 사람이 될지 선택할 수 있다. 여러분은 코드와 기술을 설계하고 구축하며, 사람들이 현재나 미래에 사용할 중요한 기술을 만들 때 필요한 선택을 할 수 있다.

코딩은 다양한 분야에 적용할 수 있는 기술이다. 어떤 분야를 살펴보든 이 사실을 깨달을 수 있다. 여러분은 코딩을 주 업무로 하는 다양한 직업을 택할 수 있다. 하지만 이게 주된 이유는 아니다. 여러분의 직업이 직접 코딩을 이용하는 일이 아니더라도, 이 기술을 이해하면 많은 분야에 식견을 넓히며 다양한 아이디어로 확장해나갈 수 있다.

여러분이 선생님이라면 코딩 기술은 우리가 현재 살고 있는 세계를 이루는 기술이다. 여러분은 이 기술을 무시할 수도 있지만, 건축가, 코더로 이 기술에 참여할 수도 있다. 여러분의 교실에서 프로젝트를 만들 수 있고, 학생들에게 관련 개념이나 현실을 연결하면서 설명할 수도 있다. 그리고 이 기술을 학생들에게 자신감을 가지고 지도할 수 있다.

어느 한 사람이 전체를 다 알기에는 코딩, 기술, 컴퓨팅의 세계가 너무 넓고 광대하다. 나는 어떤 기술이 있는지에 대해 전반적으로 알아두는 게 도움이 되리라 본다. 그리고 여러분은 그로부터 느낀 흥분을 학생들에게 공유할 수 있다. 하지만 여러분이 게임 설계부터 기계학습에 이르는 영역 중 어떤 특정 영역을 깊이 알고 싶다면, 깊이 알아야 할 분야가 아주 많이 있다.

여러분이 더 큰 교육적 의사결정을 책임진다면 스스로에게 질문해보자. 오늘날 학생들에게 가장 중요한 것이 무엇일까? 교육이 어떤 방향으로 나가야 할까? 직업은 어떤 방향으로 흘러갈까? 이들은 모두 기술과 코드의 방향으로 흘러가며, 서로 연결된 세계를 깨닫고 해결을 위해 씨름해야 할 문제와 도전이 아주 복잡하다는 사실을 깨닫는 방향으로 흘러가는 중이다. 우리는 더 활발하게 학생들에게 기본을 가르치고, 창의성을 키워주고 기본적인 빌딩 블록을 제공하며, 미래에 만들어질 기술을 어떻게 하면 잘 관리할 수 있는지 학생 스스로가 생각할 수 있도록 도와야 한다.

| 코딩 부트캠프 |

최근 몇년간 코딩 교육 분야에서 유명해진 다른 분야로는 코딩 부트캠프*가 있다. 부트캠프는 사람들이 컴퓨터과학이나 그와 관련 있는 분야(보통 소프트웨어 엔지니어링 분야)의 직업에 적응할 준비가 될 수 있게 집중적으로 수행하는 실무 중심 프로그램을 뜻한다. 이제는 수많은 코딩 부트캠프가 있고(많은 부트캠프가 생겼다가 사라진다) 다양한 모델이 있다. 각각의 부트캠프 기간은 몇 개월부터 2년에 이르기까지 다양하다. 하지만 일반적으로 부

---

* 부트캠프는 군대에서 신병을 교육하는 훈련을 뜻한다. 코딩 훈련소나 코딩 신병 교육소라고 해도 되겠지만, 보통 그냥 부트캠프라는 영어를 그대로 사용한다.

트캠프는 짧고 집중적인 프로그램이다. 코딩 부트캠프에 들어가는 학생은 경력 전환을 원하거나 컴퓨터과학 분야에 진입하고 싶은 성인들이다. 부트캠프는 보통 전통적인 대학 컴퓨터과학 학위 과정보다 더 실무에 초점을 맞추지만, 코딩 교육 분야에서 중요한 역할을 하고 있다.

이런 프로그램은 보통 기업과 함께하면서 훈련, 이력서 준비, 포트폴리오, 인터뷰 준비 등의 직업 관련 서비스를 제공하는 경우가 많다. 장단점이 있지만 코딩 부트캠프는 상당수 대학보다 더 적은 비용으로 훈련할 수 있다. 부트캠프는 대학이 가르치는 것처럼 깊이 있게 주제를 다루지 않는다거나 너무 실무 위주로 교육한다는 비판을 받아왔다. 나는 현재 코딩 관련 기회가 아주 많은 시장 상황에서 코딩 부트캠프가 기능을 하고 있고, 코딩 업계에서 기회를 잡고 싶은 사람들에게 집중적인 기회를 제공한다고 생각한다.

코딩 부트캠프는 학생들에게 꽤 많은 부담이 된다. 그냥 공원 산책가듯이 가볍게 코딩 부트캠프를 선택할 수는 없다. 대학만큼 비용이 많이 들지는 않지만, 여전히 비용이 많이 든다. 전일제 과정과 시간제 과정이 있지만, 전일제 과정이 훨씬 더 많은 과제를 제공한다.

부트캠프에서 자바스크립트나 파이썬 등의 특정 프로그래밍 언어로 (때로는 특정 프레임워크나 라이브러리를 중심으로) 모든 커리큘럼을 진행하는 경우도 자주 있다. 하지만 이런 상황은 빠르게 바뀌곤 한다.

| 컴퓨터과학 관련 취업 기회 |

　지금 현재 코딩은 아주 수요가 많은 기술이다. 미국에서 컴퓨팅 관련 분야에 종사하는 사람은 2020년 기준으로 450만 명 정도고, 소프트웨어 개발자가 180만 명 정도다. 미국에서만 향후 10년간 60만 개의 일자리가 생기리라 예상한다. 그리고 다른 직업군보다 코딩 관련 일자리가 늘어나는 속도가 더 빠르다. 미국에서 전산 관련 학과를 졸업하는 인원은 매년 6만 5000명 정도다. 이런 숫자는 우리가 앞으로 도래하리라 예상한 상황, 즉 기술을 이해하고 기술을 다루는 게 산업계에서 점점 더 중요해지고 있다는 점을 다른 말로 보여주는 것에 지나지 않는다. 그렇다면 이런 직업은 무엇이고 프로그래머는 어떤 일을 하는가?

　우리 회사에 있는 직업으로 소프트웨어 엔지니어가 있다. 이 직업을 다른 말로 프로그래머, 코더, 소프트웨어 개발자라고 부르기도 한다. 일반적으로 이 모든 이름은 같은 일을 하는 직업을 가리키는 다른 이름일 뿐이다. 이 직업은 매일매일 코딩을 하면서 애플리케이션, 웹사이트 등 프로그래밍으로 구축해야 하는 무언가를 만들어내는 직업이다. 이들은 구축할 대상에 대한 아이디어(또는 설계나 프로젝트 명세)를 받아서 코드로 구현한다. 이렇게 구축한 프로그램을 테스트하고, 제대로 작동하는지 확인하고, 코드와 프로젝트에 대한 문서를 다시 검토하면서 필요한 요소를 찾아낸다. 그리고 프로그램이 제대로 작동하지 않을 때는 디버깅을 하고 문제점을 찾아서 해결하며 수정한다. 그리고 다른 사람이 작성한 코드를 리뷰하기도 한다. 소프트웨어 엔지니어는 오랫동안 집중력을 가지고 일해야 하는 도전적인 직업이다.

하지만 컴퓨터과학과 관련 있는 다른 직업도 많이 있다. 여러분은 데이터를 구축하고 분석하는 데이터 분석가나 데이터 과학자가 될 수도 있다. 또는 데이터베이스를 다룰 수도 있다. 정보 보안이나 네트워크 보안 관련 사이버보안 분야에서 일할 수도 있다. 또는 웹 개발자나, 모바일 어플 개발자 등 구체적인 유형의 개발자가 될 수 있고, 또는 디자인 쪽에 초점을 맞춰 디자이너가 될 수도 있다. 인공지능을 다루거나 기계학습 과학자가 될 수도 있고, 알고리즘을 고안해낼 수도 있다. 또는 학계에 투신해 연구자가 될 수도 있다. 하드웨어를 만들고 하드웨어 엔지니어가 될 수도 있다.

그 외에도 아주 많은 직업이 있고, 이는 계속 바뀌고 있다. 하지만 나는 설령 소프트웨어나 로봇이 인간의 직업을 빼앗아가는 일이 현실이 된다고 해도, 그나마 가장 방어하기 쉬운 직업은 코딩이라고 생각한다. 앞으로 컴퓨터가 모든 프로그램을 작성할 수 있고 초지능 상태에 도달할 수 있다고 추측하기는 하지만, 최후 저항선은 아마 프로그래머들일 것이다.

∣ 컴퓨터과학의 응용 분야 ∣

지금은 어디서나 코드가 쓰이고 있다. 여러분에게 필요한 건 어디를 찾아봐야 코드를 볼 수 있느냐 뿐이다. 모든 산업에는 기술이 필요하다. 코드는 그런 기술에 동력을 공급하는 언어다. 사용되는 코드는 오래된 언어나 새로운 언어일 수 있고 온갖 종류의 프로그래밍 언어나 도구일 수 있지만, 컴퓨팅이라는 세계는 누군가 프로그래밍해줄 사람이 필요하다.

보건 의학 분야에서도 코딩을 볼 수 있다. 오늘날 사람들의 의료 정보는 전자 의료기록으로 디지털화되어 있다. 의료 분야에서 사용되는 대부분의 기계에 프로그래밍 요소가 들어 있다.

생물학에는 생물정보학이라는 분야가 있다. 생물정보학은 데이터와 생물학을 결합한 분야로 인간의 게놈이 어떻게 작동하는지, 새로운 병을 어떻게 발견하고 연구하는지에 관한 학문이다.

경제학도 코드에 의해 동력을 얻는다. 바깥 세계에 벌어지는 일에 대한 데이터를 수집해서 연구하고 시뮬레이션을 구축한다.

항공우주 분야에도 코드가 필요하다. 우주비행사를 우주로 보내고, 인공위성을 발사하고, 사람을 달에 보내고, 로버를 화성에 보내는 시스템에 동력을 공급하는 코드가 작성되어야 한다.

이런 목록은 계속된다. 금융산업은 코드를 사용한다. 주식 시장은 수많은 프로그램으로 구성되고, 고빈도거래HFT에도 알고리즘이 쓰인다. 은행업은 온라인화되고 은행은 웹사이트를 제공한다.

가장 좋아하는 앱을 생각해보자. 페이스북, 인스타그램, 스냅챗, 트위터, 틱톡 등을 사용하는가? 이런 앱도 코딩으로 이뤄졌다. 개발자들이 인터페이스를 코드로 작성했고, 오늘날 수십억의 사람들을 연결해주는 사회 관계망(소셜 네트워크)을 구축했다.

가장 좋아하는 게임을 떠올려보자. 모바일게임일 수도 있고, 게이밍 플랫폼에서 실행되는 게임일 수도 있지만, 개발자들이 캐릭터를 코딩하고 논리와 게임 레벨을 코딩하고, 게임 중에 모든 것을 코딩해야만 한다.

영화는 어떤가. 특수효과든 애니메이션이든 모두 코드다. 영화산업에도 소프트웨어가 쓰이며 누군가 그런 소프트웨어를 만들었다. 그리고 어쩌면 여러분이 다음 버전을 만들 수도 있다.

교육 분야도 코드를 사용한다. CodeHS에서 우리는 온·오프라인을 결합한 학습법을 제공하는 소프트웨어 도구를 만들어왔다. 우리는 수백만 학생들에게 커리큘럼을 제공하고, 선생님들이 자신의 수업과 학생을 관리할 수 있는 소프트웨어를 제공한다. 온·오프라인을 결합한 학습을 통해 전 세계의 더 많은 학생이 코딩을 배울 수 있다. 나는 여러분이 코딩으로 해내는 일을 가장 먼저

IT 인물 사전

어떻게 달에 도착할 수 있었을까? 달 착륙에도 코드가 필요했다. 컴퓨터 과학의 선구자로 '소프트웨어 엔지니어'라는 용어를 처음 만들어낸 마거릿 해밀턴은 사람을 달에 보내기 위한 아폴로 계획을 도왔던 소프트웨어 개발을 지켜봤다. 우주공학 분야의 흑인 여성 선구자인 도로시 본, 캐서린 존슨, 매리 잭슨의 활동이 영화 〈히든 피겨스〉에 그려진다. 캐서린 존슨은 컴퓨터를 사용한 비행 계산과 최초 달 착륙에 사용한 우주선 궤도 계산을 개척했다. 1958년 매리 잭슨은 NASA의 첫 번째 흑인 여성 엔지니어가 됐다. 도로시 본은 다른 사람들에게 포트란을 가르쳐서 새로운 계산을 도울 수 있게 했다.

보고 싶다. 코딩을 배움으로써 나는 교육 기술 기업인 CodeHS를 시작할 수 있었고, CodeHS에서 비즈니스를 구축하고 키워나가면서 코딩 기술을 매일 적용할 수 있었다. 내가 맨 처음 HTML 웹사이트를 만들 때만 해도 나는 이 모든 일이 가능할 것이라고는 상상할 수 없었다.

10장

프로그래밍 들여다보기

...

코딩을 배우면 기술 세계의 '내부를 더 자세히' 들여다보고 더 쉽게 이해할 수 있다. 여러분은 이미 '실전 연습' 문제를 풀고, 이 책의 웹사이트를 방문하면서 이미 이런 경험을 했다. 이제 사물의 동작을 이해하기 위해 여러분이 직접 내부를 더 자세히 들여다보려고 시도해볼 만한 방법을 배워보자.

| 내부 살펴보기 |

| 터미널 탐험하기

해커가 등장하고 텍스트가 스크롤되는 컴퓨터 화면이 보이는 영화를 본 적이 있는가? 그때 보이는 화면이 터미널terminal이다. 맥 사용자라면 '터미널'이라는 이름의 프로그램을 열어보자(윈도우 사용자는 'cmd'나 '명령 프롬프트'를 열면 된다).

터미널은 여러분이 사용 중인 어플처럼 시각적 인터페이스(정확하게는 GUI)를 사용하지 않는 컴퓨터에서 프로그램이나 명령을 사용하는 방법이다. 터미널 화면 안에서 다음을 입력해보자.[*]

```
python
```

파이썬 셸이 시작된다. 이제 파이썬 셸 안에서 무슨 일을 할 수 있나 살펴보자. 수학 문제를 타이핑해보자.

```
18 * 101
```

프린트 함수를 호출해보자.

```
print("Hello")
```

파이썬에서 나오거나 새 터미널 창을 열어서 다음을 입력해보자.[**]

```
ls
```

[*]   명령을 입력하고 나서 꼭 엔터키를 눌러야 프로그램이 실행된다. 파이썬 셸 안에서도 엔터키를 눌러야 파이썬이 값을 계산해준다.

[**]   윈도우 사용자는 명령 프롬프트를 실행하면 나오는 터미널 화면에서 dir 명령을 사용하면 된다.

현재 디렉터리에 있는 모든 파일 목록이 표시된다. 다음을 입력해보자.

```
cd
```

이 명령은 현재 디렉터리를 변경해준다.[*] 예를 들어 다음과 같이 입력하면,

```
cd Desktop
```

현재 디렉터리가 데스크톱으로 바뀐다.[**] 그리고 다시 ls를 치면 데스크톱에 들어 있는 파일을 볼 수 있다. 더 많은 명령은 직접 가서 탐험해보자.

| 페이지 소스 보기

이 책의 웹사이트나 다른 아무 웹사이트를 방문해보자. 그리고 오른쪽 클릭 후, '페이지 소스 보기'를 선택하거나, 맥의 경우

---

[*] 맥이나 리눅스에서는 cd만 입력하면 사용자의 기본 디렉터리(보통은 /home/사용자명)로 이동하고, 윈도우에서는 현재 디렉터리 전체 경로를 화면에 표시해준다.

[**] 보통 사용자 디렉터리 아래 'Desktop'이라는 이름으로 데스크톱 화면의 아이콘 등을 모아두는 디렉터리가 생기기 때문에 Desktop으로 이동하면 데스크톱 화면에 있는 파일을 볼 수 있다. 하지만 운영체제에 따라 디렉터리 구조가 이런 식으로 구성되지 않는 경우도 있으며, 그런 경우에는 터미널을 열고 cd Desktop을 하면 오류가 날 수도 있다.

커맨드–옵션–U를 입력해보자.

이 명령은 여러분이 방문한 웹사이트의 소스코드를 보여준다. 여러분이 보고 있는 페이지가 작동하도록 실행되는 실제 HTML, CSS, 자바스크립트를 볼 수 있다.

| 요소 검사 열기

이 책 사이트나 구글 등 아무 페이지나 방문해보자. 그리고 오른쪽 클릭 후 '검사'를 선택해보자. 이 명령은 '요소 검사'를 연다. 여기서 여러분은 웹페이지의 HTML 요소와 상호작용하면서 원하는 부분을 변경할 수 있다. 그리고 CSS 스타일을 탐험할 수도 있다. 그리고 자바스크립트 콘솔을 열고 자바스크립트를 입력할 수도 있다. 네트워크 탭을 열면 이 페이지를 표시할 때 오간 HTTP 요청을 볼 수 있다.

| 프로그램 작성하기

readwritecodebook.com에 방문해보자. CodeHS에서 프로그램을 작성할 수 있는 링크를 볼 수 있다. 이 링크를 통해 프로그램을 작성해 입력하고 실행해볼 수 있는 간편한 환경을 얻을 수 있다.

| 구글에서 검색하기

무언가가 어떻게 작동하는지 알아내고 싶거나, 어떤 것이 왜 고장 났는지 알고 싶거나, 또는 프로그래밍 언어에서 어떤 명령어를 어떻게 쓰는지 궁금하거나, AI나 인터넷에 대한 주제를 더 자세히 이해하고 싶다면 구글에서 검색해보자! 살펴볼 자료가 아주 많고, 코드를 직접 보게 되는 경우도 많다.

│ 이 책의 웹사이트는 어떻게 만들어졌을까

이 책의 웹사이트를 만들기 위해 나는 내 컴퓨터에서 서브라임 텍스트Sublime Text 에디터를 사용해 HTML 코드로 페이지를 작성했다. 깃 저장소를 사용해 코드를 관리했고, 깃허브 사이트에 저장소를 올렸다. 사이트에 방문한 여러분이 페이지를 볼 수 있도록 파일을 적절한 디렉터리로 복사해주는 스크립트를 사용해 페이지 소스코드를 개인 웹서버로 전송했다. CodeHS에서 실행되는 모든 대화식 코딩 프로그램들을 여러분이 직접 실행해볼 수도 있다!

│ 다음으로 할 수 있는 일은 무엇인가 │

이제 내가 설명할 내용도 거의 마지막에 다다랐다. 이 책을 통해 여러분이 코딩의 세계를 조금 더 이해했기를 바란다. 코딩의 세계에는 더 많은 내용이 있다. 이런 내용을 잘 이해하는 가장 좋은 방법은 직접 시도해보고, 실험하고, 어떻게 작동하는지 여러분 스스로 살펴보는 것이다. 이제 여러분이 더 배우기 위해 해볼 수 있는 몇 가지 프로젝트를 전달하려고 한다. 도전 과제와 관련한 더 많은 내용은 readwritecodebook.com에서 볼 수 있다.

｜ 코딩 과정 이수하기

처음 할 수 있는 일로 좋은 것은 컴퓨터과학 과정이나 코딩 과정을 끝내는 것이다. 여러분이 들어야 할 과정은 여러분의 나이, 이전 경험, 해당 과정을 듣는 목적 등에 따라 달라진다. 중고등학생이라면 학교에서 제공하는 컴퓨터과학 관련 과목이 있는지 찾아보자. 처음에는 기초를 소개하는 과목을 들으면 좋다. 그리고 코딩 동아리에 들어가도 좋다. 대학생이라면 학교에서 제공하는 컴퓨터과학 과정을 찾아보자. 온라인 과정과 오프라인 과정이 있으니 여러분에게 가장 잘 맞는 과정을 찾아 들으면 된다.

여러분이 성인이고 전일제나 시간제로 코딩 과정을 듣고 싶지 않다면, 온라인 과정을 살펴보자. 하지만 여러분이 학습을 계속할 수 있도록 스스로 동기를 찾는 게 우선이다.

｜ 자신의 웹사이트 만들기

나는 웹사이트를 만들면서 코딩에 대해 정말 많이 배웠다. 웹사이트를 만들면 웹의 여러 부분을 탐험하고 각각의 작동을 이해할 수 있다고 생각한다. 그리고 여러분이 자신의 웹사이트를 만들면서 전체 과정이 어떻게 작동하는지 살펴보면 다양한 내용을 한꺼번에 깨닫게 된다. 여러분이 자신의 도메인 이름을 구입하고, HTML과 CSS로 첫 번째 페이지를 작성하고, 온라인에 그 페이지를 올리고, 내용을 갱신할 수 있는지 시도해보자. 여러분이 맨 처음 만드는 웹사이트는 아주 기본적인 웹사이트겠지만 그것만으로도 좋다! 그것부터 시작해 더 나은 것을 만들어갈 수 있다.

| 미래 기술 배우기

이 책에서 몇 가지 새로운 기술을 소개했지만, 아주 피상적인 부분만 살펴봤을 뿐이다. 자율주행 자동차가 특히 여러분의 관심을 끌었는가? 암호화폐나 인공지능에 대해 더 배우고 싶어졌는가? 또는 여러분이 최근 발견한 더 새로운 무언가가 흥미를 자아내는가? 여러분이 뉴스나 연구 논문, 해당 문제에 대한 일을 하는 회사를 찾아볼 수 있는지 살펴보자. 사람들이 어떤 기술에 힘을 쓰고 있고, 그 기술이 내년이나 5년 후, 10년 후에는 어떤 식으로 흘러갈 수 있는지 가능성을 살펴보자.

| readwritecodebook.com 웹사이트를 방문하자

아직 방문한 적이 없다면 readwritecodebook.com 웹사이트에 방문해 다양한 프로그램을 살펴보자. 여러분은 카렐 프로그램, 파이썬 프로그램, 자바스크립트 프로그램 등을 작성할 수 있고 그 밖의 다양한 프로그램도 작성해볼 수 있다.

{ 에필로그 }

우리는 1과 0에서 시작했다. 이들은 디지털 세계를 만드는 빌딩 블록이다. 1과 0은 비트이며, 켜지고 꺼지는 스위치, 예/아니오, 참/거짓, 트랜지스터이기도 하고, 나머지 모든 것이 만들어지는 토대이기도 하다.

1과 0, 즉 비트를 8개 묶으면 바이트가 된다. 더 나아가 바이트를 여러 개 사용해 데이터를 저장하고 해석할 수 있다. 이렇게 저장하는 데이터는 문자, 텍스트, 숫자 등이 될 수 있다. 사진을 찍으면 사진은 픽셀로 이뤄지며, 픽셀은 다시 바이트나 비트로 표현될 수 있다. 여러분은 원하는 만큼 파일을 저장할 수 있고, 파일은 사진, 노래, 또는 다른 어떤 것이든 될 수 있다. 여러분은 바이트에서 킬로바이트, 메가바이트, 기가바이트, 또는 그 이상의 데이터를 저장하고 해석할 수 있다.

여러분은 하드웨어 쪽에서 출발해, 트랜지스터에서 컴퓨터 메모리를 거쳐 CPU에 도달했다. CPU는 컴퓨터의 두뇌다. 컴퓨터는 별로 아는 게 없지만 명령을 하나씩 실행할 수 있고, 매초 수십억 개의 명령을 실행할 수 있다.

하지만 기계어로 직접 작업하거나 0과 1로 프로그래밍하기는 어렵다. 그래서 고수준 프로그래밍 언어, 즉 컴퓨터에 명령을 내리는 다른 수단이 필요하다. 여러 목적의 수많은 언어가 있다. 웹에서 유명한 언어인 자바스크립트가 있고 그 외에 파이썬, C, C++ 등의 많은 언어가 있다.

프로그래밍 언어에는 몇 가지 토대가 있다. 프로그래밍 언어는 카렐에게 명령을 내리는 것처럼 컴퓨터에 명령을 내리는 방법이다. 다른 명령을 바탕으로 새 명령을 만들 수 있고, 개에게 새로운 명령을 가르칠 수 있으며, 새 함수를 개에게 가르칠 수 있다. 그리고 여러분은 더 복잡한 프로그램을 작성할 때 쓸 수 있는 재사용 가능한 구성 요소를 만들 수 있다.

프로그래밍 언어에는 여러분이 기본적인 지시를 내릴 때 사용할 수 있는 명령이 들어 있다. 여러분은 명령을 for 루프나 while 루프를 사용해 반복할 수 있다. if, else 문을 사용해 조건에 따라 어떤 일을 해야 할지 결정을 내릴 수도 있다. 루프나 조건문을 합쳐서 제어 구조라고 한다. 제어 구조는 여러분의 프로그램 흐름을 결정한다. 그리고 여러분이 사용할 수 있는 함수와 같은 재사용 가능한 구성 요소를 만들 수도 있다. 여러분은 함수를 조합해 더 큰 프로그램이나 어플을 만들 수 있으며, 웹사이트나 여러분이 원하는 다른 어떤 것도 만들 수 있다.

여러분이 더 큰 문제를 해결해야 하면 어떤 과업을 달성하기 위한 단계적인 과정인 알고리즘을 개발할 수 있다. 알고리즘 개요를 의사코드로 작성할 수 있다. 의사코드는 기본적으로 일상생활에 사용하는 영어나 우리말을 쓰지만, 처리 과정과 단계를 좀 더 명확하게 서술하며, 쉽게 코드로 변환할 수 있다. 알고리즘은 컴퓨터가 더 복잡한 문제를 해결하는 방식이다. 여러분은 사용해 검색, 정렬, 미로 찾기, 여행 계획 등에 사용할 수 있다.

인터넷은 컴퓨팅과 기술을 세계에 제공하며, 몇 가지 뛰어난 개념에 의존한다. 인터넷은 수많은 컴퓨터로 이뤄진 분산 시스템이다. 여러분은 웹브라우저에 도메인 이름이나 URL을 입력해 인터넷에 접속할 수 있다. 인터넷에서 볼 수 있는 웹페이지는 HTML로 구조를 잡고, CSS로 디자인을 입히고, 자바스크립트로 상호작용과 로직을 제어한다. 여러분은 웹사이트에 요청을 보내고, 서버가 돌려주는 응답을 받는다. 요즘은 세계 곳곳에 서버가 있으며 이런 서버들이 클라우드를 이룬다. 서버는 다른 누군가의 컴퓨터이며, 클라우드는 이런 서버들이 연결되어 만들어진 네트워크를 부르는 이름이다. 이 말은 여러분이 데이터를 클라우드에 저장하면, 어디서나 서버에 로그인해 여러분이 저장한 데이터에 접근할 수 있다는 뜻이다.

그리고 이 기술은 지금까지 강력한 애플리케이션, 새로운 비즈니스, 사람과 사람을 연결해주는 다양한 방법 등의 많은 일을 가능하게 했다. 반면, 이 기술로 인해 생겨난, 사회가 해결해야 할 문제점도 있다. 무료 정보와 검색의 발전으로 인해 가짜 정보와 싸우고 비판적 사고를 향상시켜야 하는 문제가 생겨났다. 무료 애플리케이션을 더 많이 사용할 수 있게 됐고, 어디에서나 이런 애플리케이션을 사용할 수 있게 됐기 때문에 데이터의 양, 프라이버시 문제, 감시 문제도 늘어나고 있다.

그리고 해킹이 있다. 해킹이 더 자주 벌어지기 때문에 사이버 보안의 필요성도 커지고 악의적인 행위자에게서 시스템을 보호해야 할 필요성도 커졌다. 온라인에서 여러분 자신의 보안을 강화하기 위해 할 수 있는 일도 많다. 여러분의 로그인과 암호를 안전하게 유지하기 위해, 각 사이트 계정마다 서로 다른 암호를 사용해야 한다. 암호가 더 길어야(최소 10글자) 모든 경우의 공격에서 보호받을 수 있으며, 암호는 사전에 있는 단순한 단어여서는 안 된다. 하지만 암호구를 사용하고 사이트별 암호 생성 규칙을 사용하면 더 쉽게 기억하면서 보안도 강화할 수 있다. 여러분은 피싱과 같은 공격의 유형을 알아둬야 한다. 피싱을 통해 공격자는 여러분의 로그인 정보를 얻거나 여러분의 계정을 탈취하려 한다. 가능하면 2단계 인증, 즉 여러분이 아는 정보와 여러분이 지니고 다니는 장치를 사용해 두 번 인증하는 방식을 사용해야 한다. 2단계 인증을 사용하면 공격자가 여러분의 계정에 로그인하기가 더 어려워진다. 그리고 여러분이 암호학과 컴퓨터과학의 실험적 응용에 관심이 있다면 비트코인, 이더리움, 암호화폐, 블록체인 등을 탐구해볼 수 있다.

프로그램과 컴퓨터는 점점 똑똑해지고 있다. 앞으로 다가올 로봇에 의한 세계 종말이나 초지능 세계에 대해 경고하는 사람도 있지만, 배워둘 만한 더 온건한 형태의 AI도 있다. AI는 컴퓨터가 무언가를 배우고, 의사결정을 내리며, 인간의 행동을 시뮬레이션하는 방법에 관한 연구다. 종종 AI 내부적으로는 컴퓨터가 '똑똑하지' 못하고 그냥 확률적인 모델을 데이터 집합에 적용해 함수를 최적화하는 경우가 있다. 컴퓨터가 사람이 할 수 있는 모든 일을 하게 하거나, 튜링 테스트를 통과하게 하는 등 일반 인공지능 연구가 진행 중이다. 이 분야는 아직도 연구해야 할 내용이 많은 분야이면서 스팸을 걸러내거나 영화를 추천하고 관심 있는 뉴스를 골라서 보여주는 등 수많은 응용 방법이 존재하는 분야이기도 하다.

그렇다면 이런 내용을 어떻게 배울 수 있을까? 여러분은 이미 이런 내용을 배우기 시작했다. 축하한다! 내부에 들어가 탐험해보고, 터미널을 사용해보고, 소스코드를 보며, 웹사이트 요소 검사를 해보고, 프로그램을 짜보자. 학교, 학교 외의 다른 조직, 온라인 등에서 제공하는 다양한 과정이 있다. 기초를 배우는 게 가장 훌륭한 출발점이다. 여러분이 흥미를 느끼는 분야를 찾아서 코드와 그 분야의 연결을 찾아보는 게 코딩을 지속하는 좋은 방법이다. 내가 처음 만든 웹사이트는 실제로는 고등학교 코미디 신문의 웹사이트였다. 나는 코미디에 대한 흥미와 코드 작성에 대한 흥미를 하나로 엮을 수 있었다. 한계는 없었다. 이 책 대부분은 기초에 대한 것이지만, 최신 기술은 빠르게 바뀐다. 내년, 5년후, 10년 후, 20년 후, 50년 후 컴퓨팅 세계가 무엇으로 구성될지 누가 알겠는가?

현 상황은 이렇다. 코드는 더이상 특정 기술에서만 사용하는 언어가 아니다. 코드는 모든 기술 뒤에 있는 엔진이다. 읽기나 쓰기 능력처럼 코딩도 오늘날의 문해력을 이루는 기본적인 부분이다. 인쇄술이 읽기, 쓰기 등 기본 문해력을 모든 사람이 갖춰야 하는 기본 소양으로 만들었던 것처럼, 컴퓨터와 인터넷은 코딩을 디지털 시대에 꼭 알아야 하는 기본 소양으로 변화시키고 있다.

그렇다면 여러분은 이제 어떤 것을 코드로 작성하겠는가?

지은이 제러미 키신

수백만 학생이 사용 중인 최고의 학교 코딩 교육 플랫폼 CodeHS의 CEO이자 공동 창립자다. 스탠퍼드대학교에서 컴퓨터과학을 전공했으며 모교에서 컴퓨터과학 강사로 일했다. 지금은 컴퓨터과학 교육 및 기술 컨설턴트로 전 세계 수백 곳의 학교에서 강의하고 있다.

옮긴이 오현석

모빌리티42 이사로 일하면서 매일매일 고객의 요청에 따라 코드를 만들어내고 있는 현업 개발자다. 옮긴 책으로는 『코어 파이썬 애플리케이션 프로그래밍』, 『자바에서 코틀린으로』, 『순수 함수형 데이터 구조』, 『파이썬 코딩의 기술』, 『한 권으로 읽는 컴퓨터 구조와 프로그래밍』 등이 있다.

코딩 좀 아는 사람
IT 시대 필수 문해력

펴낸날 초판 1쇄 2023년 3월 20일

지은이 제러미 키신

옮긴이 오현석

펴낸이 이주애, 홍영완

편집장 최혜리

편집3팀 박주희, 강민우, 이소연

편집 양혜영, 박효주, 김하영, 장종철, 문주영, 홍은비, 김혜원, 이정미

디자인 기조숙, 박아형, 김주연, 윤소정, 윤신혜

마케팅 김미소, 정혜인, 김태윤, 최혜빈

해외기획 정미현

경영지원 박소현

펴낸곳 (주)윌북 출판등록 제 2006-000017호

주소 10881 경기도 파주시 광인사길 217

전화 031-955-3777 팩스 031-955-3778

홈페이지 willbookspub.com 전자우편 willbooks@naver.com

블로그 blog.naver.com/willbooks 포스트 post.naver.com/willbooks

페이스북 @willbooks 트위터 @onwillbooks 인스타그램 @willbooks_pub

ISBN 979-11-5581-588-5 03000